पका है यह कटहल

[कविताएँ]

पका है यह कटहल

अनुवाद

सोमदेव

शोभाकांत

राधाकृष्ण प्रकाशन

ISBN : 978-81-7119-245-8

पका है यह कटहल

पहला संस्करण : 1995
तीसरा संस्करण : 2021

मूल्य : ₹ 695

प्रकाशक
राधाकृष्ण प्रकाशन प्राइवेट लिमिटेड
जी-17, जगतपुरी, दिल्ली-110 051
शाखाएँ : अशोक राजपथ, साइंस कॉलेज के सामने, पटना-800 006
पहली मंजिल, दरबारी बिल्डिंग, महात्मा गांधी मार्ग, प्रयागराज-211 001
36-ए, शेक्सपियर सरणी, कोलकाता-700 017
वेबसाइट : www.radhakrishnaprakashan.com
ई-मेल : info@radhakrishnaprakashan.com

मुद्रक
बी.के. ऑफसेट
नवीन शाहदरा, दिल्ली-110 032

PAKA HAI YEH KATHAL
Poems by Nagarjun

देसिल बयना सब जन मिट्ठा बनाम दुज्जन हासा

यदि यह सही है कि हिन्दी प्रदेश अर्थात् उत्तरप्रदेश, राजस्थान, बिहार, मध्यप्रदेश, हरियाणा, हिमाचल प्रदेश, दिल्ली आदि राज्यों में व्यवहार की जाने वाली मैथिली, राजस्थानी, हरियाणवी, भोजपुरी, ब्रज, अवधी आदि भाषाएँ उन क्षेत्रीय नदियों के समान हैं जिनसे जल ग्रहण कर हिन्दी की महागंगा का स्वरूप बना है तो भारतेन्दु काल के उपरान्त खड़ी बोली की इन सह-भाषाओं के साहित्य को हिन्दी साहित्य परिसर एवं उसके इतिहास में गत एक सदी से क्यों त्याज्य मान लिया गया है ? क्या यह सत्तासेवित लघुसंख्यक मठाधीशों द्वारा आम जनता की अभिव्यक्ति अनसुनी करने और प्रकारान्तर से सत्ता हथियाए रखने का अघोषित षड्यंत्र नहीं है ? प्रतिफलस्वरूप आज विस्फोटक रूप से पनप रही क्षेत्रीयता, आतंकवाद और इस स्थिति से लाभ उठाकर नौकरशाहों द्वारा संघोषित अंग्रेजी के वर्चस्व का कारण आम जन-गण के प्रति उन स्वार्थ-लिप्त सत्ताधीशों की उपर्युक्त संकीर्णता भाव नहीं है क्या ?

आज की हिन्दी को इस बनावटी संकीर्णता से उबारकर पुनः परम्परागत सहज व्यापकता प्राप्त कराने का उद्देश्य बनाकर योजनाबद्ध अभियान चलाना अनिवार्य लगता है; जिससे कि विद्यापति, सूर, तुलसी, कबीर, मीरा, भारतेंदु से लेकर नागार्जुन (यात्री) और उनके परवर्ती हिन्दी प्रदेशीय क्षेत्रीय भाषा साहित्य के नवनीत को हिन्दी के महा-भंडार में संकलित करने और उनके मूल्यांकन द्वारा हिन्दी को उसका मौलिक व्यापक स्वरूप पुनः प्राप्त हो सके । इसी उद्देश्य से हमने सर्वप्रथम यात्री (नागार्जुन) के साहित्य अकादमी पुरस्कार प्राप्त मैथिली कविता संग्रह 'पत्रहीन नग्न गाछ' को मूल भाषा एवं हिन्दी अनुवाद सहित 1981 में प्रस्तुत किया था ।

अब यात्री की उपलब्ध मैथिली कविताओं का यह संकलन 'पका है यह कटहल' सुधी हिन्दी प्रेमियों के हाथों इस आशा के साथ समर्पित किया जा रहा है कि हिन्दी की अन्य क्षेत्रीय भाषा में भो इस तरह की योजना को आगे बढ़ाने का सिलसिला जारी हो सके । हमारी भी ऐसी योजना है कि मैथिली के प्रतिनिधि साहित्य को अगले संकलनों एवं परिचय ग्रंथों में हिन्दी के अंतर्गत समेट लिया जाय ।

मैथिली साहित्य के इतिहास का काल-विभाजन यदि उपलब्ध सामग्री, प्रवृत्ति और समयजन्य बदलाव की दृष्टि से किया जाय तो इस प्रकार होना चाहिए :

(1) प्राचीन काल (8वीं शताब्दी से 1870 तक)

(2) मध्यकाल (1870 ई० से 1936 ई० तक)

(3) नवजागरण काल (क) स्वतंत्रता-पूर्व (1936 ई० से 1947 ई० तक)

(ख) स्वातंत्र्योत्तर (1947 ई० से अद्यावधि तक)"[1]

---

1. मैथिली भाषा और साहित्य (सोमदेव), चिनगी, मई, 1987

नवजागरण काल को जनभाषा के व्यवहार, प्रगतिशील वैचारिकता एवं शिल्प की सहजता से नया मोड़ देनेवाले रचनाकारों में कवि एवं उपन्यासकार यात्री का नाम लिया जाता है। वैसे अपने समकालीन रचनाकारों में यात्री मैथिली में बहुत कम लिख पाए हैं। लेकिन उन्होंने अपने समकालीन तथा परवर्ती मैथिली लेखन को युग-निर्माता की तरह प्रभावित किया है, जिस कारण आधुनिक जनचेतना सम्पन्न समीक्षक इस युग को 'यात्री-युग' कहने लगे हैं।

यात्री के समकालीन प्रतिनिधि रचनाकारों में भोलालाल दास, भुवनेश्वर सिंह भुवन, कांचीनाथ झा किरण, सुरेन्द्र झा सुमन, कवि चूड़ामणि मधुप, हरिमोहन झा और मणिपद्म आते हैं। इनके पूर्ववर्ती युगीन प्रखर कवि सीताराम झा ने भी इस युग के अनुकूल शैली में रचनाएँ कीं। यात्री के बाद इस शैली को आगे बढ़ाने वाले प्रयोगशील कवियों में मार्क्सवाद से प्रभावित स्कूल के प्रतिनिधि कवि सोमदेव और फ्रायड से प्रभावित स्कूल के प्रतिनिधि कवि राजकमल चौधरी हैं।

जन-चेतना की अभिव्यक्ति को मानदंड मानकर यदि सम्पूर्ण मैथिली साहित्य धारा से तीन प्रतिनिधि कवियों को चुना जाए तो प्राचीन काल में विद्यापति, मध्यकाल में कवि फतुरी और नवजागरण काल में यात्री का नाम आएगा।

लोक-चेतना से जुड़े आज के किसी भी कवि को समझने के लिए उसके व्यक्तित्व, संदर्भ और भाव-उत्स को जानना आवश्यक है। खास कर नागार्जुन जैसे कवि जो भाषा, भाव और शिल्प तीनों दृष्टियों से जनता से जुड़े हैं, उन्हें समझने के लिए उनकी अभिव्यक्ति की मूल (मातृ) भाषा मैथिली की कविताओं को पढ़ना आवश्यक है जिनके माध्यम से उनके व्यक्तित्व की मुद्राओं, उनकी भूमि की सुगंध और ठेठ चुटीली सहजता को निरखा-परखा जा सकता है। इसीलिए जो बात, जो छुअन और उनकी 'खुदी' की पहचान इस संग्रह में उपलब्ध है, अन्यत्र सम्भव ही नहीं।

परिष्कृत हिन्दी जिसका आधार अभी खड़ी बोली है, निश्चित रूप से संस्कृत, अंग्रेजी आदि माध्यम भाषाओं की तरह किसी भी सुदूर जन-पद की मौलिक भाषा मात्र नहीं ही बनी रह सकती—अपेक्षित पारिभाषिक शब्दों की संरचना, विभिन्न भाषा क्षेत्रों के प्रयोगकर्ताओं द्वारा लाए गए स्वाभाविक बदलाव (योगदान) और शासकीय, विश्वविद्यालय एवं शास्त्रीय कुलीनता के कारण कार्यालयों, शिक्षालयों एवं निबन्ध की भाषा एक आर्ष भाषा बनकर रह जाना स्वाभाविक है। क्योंकि माध्यम-भाषा आवश्यकता की भाषा होती है। जब क्षेत्रीय लोक भाषाएँ मौलिक अभिव्यक्ति की सहजता, अपनापन और मर्मस्पर्शी गुणों के कारण कवियों को, नाटककारों को, क्षेत्रीय सामाजिक कार्यकर्ताओं को खिंचती रहती है। सही कविता की भाषा भी यही हो सकती है। नाटकों एवं कथा के संवाद की भी। मतलब यह कि यदि हिंदी को व्यापक प्राणवत्ता देनी है तो उसकी क्षेत्रीय सह-भाषाओं को साथ लेकर चलना अनिवार्य है। यही उसकी परम्परा भी रही है। इस परम्परा को कुलीनता-जन्य कुसंयोगवश हमने काट-सा दिया है। साथ ही यह भी अपेक्षित है कि अन्य कुल की भाषाओं (भारत के संदर्भ में जनजातीय एवं द्रविड़ भाषाओं तथा अन्तर्राष्ट्रीय क्षेत्र में मारिशस जैसे हिन्दी के भाषाद्वीपों की प्रचलित भाषाएँ) के सम्पर्क में आने से प्राप्त शब्द-सम्पदा, शैली-विन्यास और अभिव्यक्ति-भंगिमाओं को सहज पचाने का माद्दा भी हो। इन्हीं सीढ़ियों पर चढ़कर हम हिन्दी को सम्पूर्ण हिन्दी प्रदेश, सम्पूर्ण देश और विदेश की सम्पर्क भाषा बनाने की कूबत पैदा कर सकते हैं। लेकिन यहाँ तो जड़ में ही घुन लग गया है। हिन्दी प्रदेश की मैथिली-राजस्थानी आदि भाषाओं को तथाकथित हिन्दीवाले अपनी रखैल (बोली) मानते हैं और इन भाषाओं में लिखनेवाले अपने को अछूत जैसा महसूस करते हैं। यह हठधर्मिता सचमुच अंग्रेजी के 'बाँटो और राज करो' की नीति के तहत हिन्दी को जड़मूल से मिटाकर स्पष्टतया अंग्रेजी थोप देने की मीठी साजिश है।

इसे नागार्जुन ने समझा और पेट की खातिर हिन्दी में लिखने की लाचारी रहते हुए भी मैथिली के 'यात्री' को मरने नहीं दिया । उनकी यह अस्मिता चक्रव्यूह में फँसी जनवाणी को सही अस्मिता है । इस रूप में हिन्दी प्रदेश के रचनाकारों को नागार्जुन प्रेरित करते हैं कि 'दिल्ली की रानी' को 'गाँव-गँवई' से अलग-थलग पड़ जाने से बचावें और हिन्दी-लेखन के बाजारूपन को आंचलिकता से कटने न दें ।

नागार्जुन ने इस सदी के तीसरे दशक के उत्तरार्द्ध में लिखना आरम्भ किया—'वैदेह' उपनाम से । उस समय के प्रारम्भिक लेखन पर मिथिला के परिनिष्ठ संस्कृत पंडिताऊपन का प्रभाव स्पष्ट है । क्योंकि इसी माहौल में उन्हें शिक्षा प्राप्त करने का अवसर मिल पा रहा था । लेकिन वे पंडितों की कूपमंडूपता में अधिक दिनों तक फँसे न रह सके । मिथिला के आम लोगों के बीच चले आए, लेकिन देश-विदेश की ताजा अनुभूतियों से तृप्त होने के मोह को भी छोड़ न पाए और वे मैथिली में 'यात्री' नाम से चर्चित हो गए । पुनः देश-विदेश के अनुभव अनुसंधान के क्रम में बौद्ध भिक्षु नागार्जुन के रूप में जाने गए । आगे चलकर धर्म वगैरह का मुखौटा फेंकने के बाद भी हिन्दी में जनकवि बाबा नागार्जुन ही बने रहे ।

नागार्जुन की भाव-भूमि अधीत विषय-वस्तुओं से नहीं बनती, बल्कि सहज संस्कारजन्य, सहज अनुभूतिजन्य एवं सहज संघर्षशीलताजन्य आवेगों को लेकर बनती है । इसीलिए यात्री की मैथिली कविताओं को बिना पढ़े नागार्जुन को पढ़ने का स्वाद वैसा ही होगा जैसे मिथिला की अमराई से प्राप्त ताजे सिंदुरिया आम को चखने की जगह ठंडई की दुकान पर मजा लेकर पीना—बोतल में आम, माजा है नाम !

अंत में, हिन्दी को पुनः व्यापक स्वरूप देने के अभियान में जुटे ईमानदार हिन्दीसेवियों से अनुरोध है कि वे हिन्दी के इतिहास-कोश में नकली सिन्थेटिक पेय के साथ-साथ सुदूर जनपद के ताजे फलों के रस को भी संचित करें, जिससे सत्ताधीशों का कुलीन-भाव और जनगण का हीन भाव एक साथ नष्ट हो जाए—भविष्य में हिन्दी का हर कवि केवल गोष्ठियों का कवि नहीं हो बल्कि नागार्जुन की तरह ही जनकवि हो, और हिन्दी जनभाषा साहित्य की महागंगा ।

जहाँ तक मैथिली से खड़ी बोली में अनुवाद का प्रश्न है, हमने मैथिली के शब्द और लय को भी उसके मौलिक स्वरूप में रूपांतरित करने की चेष्टा की है ।

अन्त में हम आभार प्रकट करते हैं डॉ० भीमनाथ झा, विभूति आनंद और अन्य मित्रों का जिन्होंने बिखरी रचनाओं को जुटाने में अपेक्षित सहयोग दिया है ।

—सोमदेव, शोभाकांत

क्रम

चित्रा

पत्रहीन नग्न गाछ

गीत

असंकलित रचनाएँ

चित्रा

माँ मिथिले !

मुनिक शान्तिमय पर्णकुटीमे,
तापसीक अचपल भृकुटीमे,
साम श्रवणरत श्रुतिक पुटीमे,
छल अहाँक आवास
बिसरि गेल छी से हम
किंतु ने झाँपल अछि इतिहास ।

यज्ञधूम-संकुचित नयनमे
कामधेनु-खुर-खनित कमनीय
मुनिकन्याक प्रसून-चयनमे
छल अहाँक आमोद
स्मरणो जकर करै अछि छन भरि,
सभ शोकक अपनोद ।

गौतम अनुमिति न्यायक अर्थमे
याज्ञवल्क्य-दर्शित-नय पथमे
ज्ञानी जनकक जीवन रथमे
अंकित तव पद-पद्म
अछि मैथिलीक मौलि मुकुलावलि
लालित जे छविसद्म ।

शारदा-यति-जयालापमे
विद्यापति-कविता-कलापमे
नान्यदेव नृपतिक प्रतापमे
देखिय तोर महत्व
जहि सँ आनो कहइछ जे अछि
मिथिलामे किछु तत्व ।

कीर दम्पतिक तत्ववादमे
लखिमा कृत कविताक स्वादमे

माँ मिथिले !

मुनि की शांतिमय पर्णकुटी में,
तापसी की अचपल भृकुटी में,
साम श्रवणरत श्रुति-पुटी में
था तेरा आवास
भूल गए हैं हम वह सारे
पर न ढका इतिहास ।

यज्ञधूम-संकुचित नयन में
कामधेनु-खुर-खनित सुपावन
मुनिकन्या के पुष्प चयन में
था तेरा आमोद
क्षणभर स्मरण मात्र से होता
सब दुख के अपनोद ।

गौतम अनुमति न्याय अर्थ में
याज्ञवल्क्य-दर्शित-नय पथ में
ज्ञानी जनक के जीवन-रथ में
अंकित तव पद-पद्म
मैथिली की मौलि मुकुलावलि से
लालित यह छवि सद्म ।

शारदा-यति-जयालाप में
विद्यापति कविता-कलाप में
नृपति नान्यदेव के प्रताप में
तेरा देख महत्त्व
जिससे अन्य लोग भी कहते
है मिथिला में कुछ तत्त्व ।

कीर-दम्पति के तत्त्ववाद में
लखिमाकृत कविता के रसास्वाद में

विजयि उदयनक जयोन्मादमे
अछि से अद्‌भुत शक्ति
जहि सँ होइछ अधर्मिहुकेँ
तव पद-पंकजमे भक्ति।

धीर अयाचिक सागपातमे
पद्यबद्ध शंकरक बातमे
पक्षधरक प्रतिभा-प्रभातमे
छल अहाँक उत्कर्ष
औखन धरि जे झाँपि रहल अछि
हमर सभक अपकर्ष।

लक्ष्मीनाथक योगध्यानमे
कविचन्द्रक कविताक गानमे
नृप रमेश्वरक उच्च ज्ञानमे
आभा अमल अहाँक
विद्याबल विभवक गौरवमे
अहाँ छी थोर कहाँक ?

काशी/दिसम्बर, '31

अंतिम प्रणाम

हे मातृभूमि, अंतिम प्रणाम

अहिबातक पातिल फोड़ि-फाड़ि
पहिलुक परिचयकेँ तोड़ि-ताड़ि
पुरजन-परिजन सभकेँ छोड़ि-छाड़ि
हम जाय रहल छी आन ठाम
माँ मिथिले, ई अंतिम प्रणाम

दुःखोदधिसँ संतरण हेतु
चिरविस्मृत वस्तुक स्मरण हेतु
सूतल सृष्टिक जागरण हेतु
हम छोड़ि रहल छी अपन गाम
माँ मिथिले, ई अंतिम प्रणाम

विजयी उदयन के जयोन्माद में
है वह अद्‌भुत शक्ति
जिससे अधर्मियों में भी होती
तव पद-पंकज-भक्ति।

धीर अयाची के साग-पात में
शंकर की पद्यबद्ध बात में
पक्षधर के प्रतिभा-प्रभात में
था तेरा उत्कर्ष
जिससे ढका आ रहा आज तक
हम लोगों का अपकर्ष।

लक्ष्मीनाथ के योगध्यान में
कवि चंद्र के काव्य गान में
नृप रमेश्वर के उच्च ज्ञान में
तव आभा शुचि अम्लान
विद्या बल-वैभव-गौरव में तेरा
किससे कम सम्मान ?

अंतिम प्रणाम

हे मातृभूमि, अंतिम प्रणाम

वैवाहिक शुभ-घट फोड़-फाड़
पहले के परिचय तोड़-ताड़
पुरजन-परिजन सब छोड़-छाड़
चला प्रवास मैं, छोड़ धाम
माँ मिथिले, यह अंतिम प्रणाम

दुःखोदधि से संतरण हेतु
चिर विस्मृत वस्तु-स्मरण हेतु
सुप्त सृष्टि-जागरण हेतु
जा रहा आज मैं छोड़ ग्राम
माँ मिथिले, यह अंतिम प्रणाम

कर्मक फल भोगथु बूढ़ बाप
हम टा संतति, से हुनक पाप
ई जान ह्वैन्हि जनु मनस्ताप
अनको बिसरल थिक हमर नाम
माँ मिथिले, ई अंतिम प्रणाम !

काशी/नवम्बर, '36

भुगतें कर्मफल अब वृद्ध बाप
संतति में मैं ही, कृत आप पाप
यह सोच न होवे मनस्ताप
अब जायें अन्य भी भूल नाम
माँ मिथिले, यह अन्तिम प्रणाम !

कविक स्वप्न

जननि हे, सूतल छलहुँ हम रातिमे
निन्न छल आएल कतेक प्रयाससँ
स्वप्न देखल जे अहाँ उतरैत छी
एकसरि नहु-नहु विमल आकाससँ

फेर देखल जे कने चिन्तित जकाँ
कविक एहि कुटीरमे बैसलि रही
वस्त्र छल तीतल, चभच्चामे मने
कमल तोड़' लै स्वयं पैसलि रही

फेर देखल, कोनमे छी ठाढ़ि माँ,
किछु कह' ओ किछु सुन' चाहैत छी
भ' रहल अछि एहेन कोनो वेदना
जाहिसँ माथ धुन' चाहैत छी

श्वेतकमलक हरित कान्ति मृणालसँ
बान्हि देलहुँ हमर दुनू हाथकेँ
हम सशंकित, आँखि धरि मुनने छलहुँ
स्नेह सूँघल अहाँ ता माथकेँ

बाजि उठलहुँ अहाँ हे कल्याणमयि--
सुनह कवि, हमही थिकहुँ ओ देवता
राति-दिन जकरा तकैत रहैत छ'
आँखि मुनि लए कल्पनाक सहायता

विद्ध क्रौंचक वेदनासँ खिन्न भए
बाल्मीकक कंठसँ फूटल रही,

कवि का स्वप्न

हे जननि, जब सोया हुआ था रात में
नींद आई थी, कितने प्रयास से
स्वप्न में देखा कि तुम उतर रही हो
धीरे-धीरे अकेली विमल आकाश से

फिर देखा जरा चिन्ता लिये
बैठी हुई इस कवि के कुटीर में
जैसे तोड़ने तलैया से कमल
पैठी स्वयं, यूँ लगी भीगे चीर में

फिर देखा तुम्हें माँ, कोने में खड़ी हो
कुछ कहना और कुछ सुनना चाहती हो
हो रही है कोई ऐसी वेदना
जिससे स्वयं ही माथ धुनना चाहती हो

श्वेत कमल के हरित कांति मृणाल से
बाँध डाला तुमने मेरे युगल कर को
मैं सशंकित आँख तक मूँदे रहा
तब तक तुम स्नेह से सूँघती रहीं सिर को

बोल पड़ीं तुम हे कल्याणमयी—
सुनो कवि, मैं ही हूँ वह देवता
ढूँढ़ते रहते जिसे तुम रात-दिन
आँख मूँदे ले कल्पना की सहायता

वाल्मीकि के कंठ से फूटी प्रथम
विद्ध क्रौंच की वेदना से खिन्न हो

आइओ हम पड़लि कमला-कातमे
उपेक्षित छी, पुल जनु टूटल रही

तोहर मन दौड़ैत छहु कोठाक दिश
पँघ-पँघ धनीक दिश दरबार दिश !
गरीबक दिश ककर जाइत छइ नजरि,
के तकइ अछि हमर नोरक धार दिश ?

क' रहल छ' अपन प्रतिभा खर्च तोँ
ताहि व्यक्तिक सुखद स्वागत-गानमे
जकर रैयति ठोहि पाड़ि कनैत छइ
घ'र आङन खेत ओ खरिहानमे

ओम्हर देखह, हथकड़ीसँ बद्ध कर
देशमाता छथि झुकौने माथकेँ
श्वेत कमलक हरित कान्ति मृणालसँ
बन्हलियहु अछि हमहु तोहर हाथकेँ

हाय ! ई राका निशा, तोँ मस्त भए
करइ छ' अभिसार नीलाकाशमे
कल्पनाक बनाय पाँखि उड़ैत छ'
मंद मलयानिलक मृदु उच्छ्वासमे
तोँ जकर लगबैत छ' सदिखन पता
सुनह कवि, हमही थिकहुँ ओ देवता

जिनगी भरि जे अमृत मंथन करए
जिनगी भरि जे सुधा संचित करए
ओ पियासे मरि रहल अछि, ओकरे
अमृत पीवासँ जगत वंचित करए

परम मेधावी कते बालक जत'
मूर्ख रहि हा गाय टा चरबैत छथि
कते वाचस्पति कते उदयन जत'
हाय ! बनगोइठा बिछैत फिरैत छथि

तानसेन कतेक रविवर्मा कते
घास छीलथि बाग्मतीक कछेड़मे
कालिदास कतेक विद्यापति कते
छथि हेड़ाएल महिसबारक हेड़मे

आज भी मैं पड़ी कमला के किनारे
उपेक्षिता हूँ भग्न पुल ज्यों छिन्न हो

तेरा मन दौड़ता है महलों की तरफ
बड़े-बड़े धनिकों, दरबार की तरफ !
गरीबों की तरफ किसकी जाती है नजर,
देखता है कौन मेरी अश्रुधार की तरफ ?

कर रहे अपनी प्रतिभा का खर्च तुम
उन्हीं लोगों के सुखद स्वागत-गान में
जिसके रैयत फूट-फूटकर रो रहे हैं
घर आँगन खेत ओ' खलिहान में।

उधर देखो, हथकड़ी से बद्ध कर
देश माता है झुकाए हुए सिर को
श्वेत कमल के हरित कांति मृणाल से
बाँध डाला मैंने भी तुम्हारे युगल कर को

हाय ! यह राका निशा, तुम मस्त हो
कर रहे अभिसार नीलाकाश में
कल्पना की पाँख गढ़कर उड़ रहे
मन्द मलयानिल के मृदु उच्छ्वास में
जिसका लगाते रहे हरदम तुम पता
सुनो कवि, मैं ही हूँ वह देवता

जिन्दगी भर जो अमृत मंथन करे
जिन्दगी भर जो सुधा संचित करे
प्यासा मर रहा वह, उसे ही
अमृत पीने से जगत वंचित करे

चराते हैं गाय निरे मूर्ख रहकर
बालक कितने परम मेधावी यहाँ
हाय ! वन में कंडे बीनते फिरें
वाचस्पति कितने, कितने उदयन यहाँ

घास छीलें बागमती के किनारे
तानसेन कितने, कितने रवि वर्मा यहाँ
भैंसवारों के झुंड में खोए पड़े
कालिदास कितने, कितने विद्यापति यहाँ

अन्न ने छँ कँचा ने छँ कौड़ी ने छै
गरीबक नेना कोना पढ़तैक रे ?
उठह कवि, तों दहक ललकारा कने
गिरि-शिखर पर पथिक-दल चढ़तैक रे !

हमर वीणाध्वनि कने पहुँचैत जँ
सटल-पांजर बोनिहारक कानमे
सफल होइत तखन ई स्वरसाधना
चिर-उपेक्षित जनक गौरव-गानमे

नाव पर भए बाग्मतीक प्रवाहमे
सांझखन झिझरी खेलाइ छ नाह तों
वास्तविकता की थिकइ से बुजितहक
बनल रहितह जँ कनेक मलाह तों

आइ गूड़ा काल्हि खुद्दी एहिना
तोहर बहिकिरनी कोना निमहैत छहु
सांझ दइ छहु, हाय, ओ पत्तलो जरा
गारि फज्जति मान मारि सुनैत छहु !

बाजि एतबा भ' गेली तों मौन माँ
बह' लागल नोर हमरा आँखि सँ
प्रगट भेल मराल, ऐल समीप किछु
फूल दनुफक झ'ड़ लगलइ पाँखिसँ

'जुनि कानह'—उठौलह तों तर्जनी
हंसपर चढ़ि उड़ि गेली आकासमे
निन्न टूटल कैल निश्चय, किछु होअओ
बिताएब नहि आयु आब प्रवासमे

जननि हे, सूतल रही हम रातिमे
निन्न छल आएल कतेक प्रयाससँ
स्वप्न देखल जे अहाँ उतरैत छी
एकसरि नहु-नहु विमल आकाससँ !

काशी/फरवरी, '41

अन्न नहीं, पैसे नहीं, फूटी कौड़ी यहाँ
अरे, गरीब के बच्चे, कहो कैसे पढ़ेंगे ?
उठो कवि, तुम जरा-सी ललकार दो
रे, गिरि शिखर पर अब पथिक दल चढ़ेंगे !

वीणा-ध्वनि मेरी जरा यदि पहुँच पाती
सटे पंजर बनिहारों के कान में
सफल होती तब यह स्वर-साधना
चिर उपेक्षित जनों के गौरव गान में

नाव पर बैठ बागमती के प्रवाह में
शाम को तुम विहार करते थे मचलते
मल्लाह यदि तुम बने होते
वास्तविकता क्या है, यह समझते

आज गूड़ा[1] और कल खुद्दी[2] महज
तेरी नौकरानी किस तरह निर्वाह करती
सांझ-बाती देती, हाय, पत्ते ही जलाकर
मार-गाली-अपमान सहकर आह भरती !

बोल इतना, हो गयी तुम मौन माँ
लगे बहने अश्रु मेरी आँख से
प्रकट हुआ मराल, आया पास कुछ
झड़ने लगे दनुक के फूल उसकी पाँख से

'मत रो'— तुमने उठायी तर्जनी
हंस पर चढ़ उड़ गयीं आकाश में
नींद टूटी, किया निश्चय—भले कुछ हो
नहीं बिताऊँगा उम्र अब प्रवास में

हे जननि, जब सोया हुआ था रात में
नींद आई थी, कितने प्रयास से
स्वप्न में देखा कि तुम उतर रही हो
धीरे-धीरे अकेली विमल आकाश से !

1. गूड़ा = चावल छांटने से निकला बुरादा। 2. खुद्दी = छांट में निकले चावल के टुकड़े।

बूढ़ वर

घर रहन्हि वरक कमला कात
करै छला खेती सांझ-परात
मरि गेलथीन्ह जखन तेसरो बहु
सोख भेलन्हि बिआहक फेर की कहु
देख'मे सुखैल-पखैल काठ
रुपैया बान्हि बूढ़ ऐला सौराठ
माथ छलन्हि ओन्हल छांछ जकां
जीह गांजक गोलही माछ जकां
दांत ने रहन्हि, निदंत रहथि
बूढ़ि रहथि, घोघा वसंत रहथि
खा रहल छला पान तइपर
कन्यागत दइ छलथीन्ह जान तइपर
देखिकैं बूढ़ वरक चटक-मटक
घुमैत-घुमैत पहुँचला घटक
पान गलोठिकैं उठौलन्हि बात
पूछै लगलथीन्ह परिचय पात
हाथमे हुनक नोसिदानी रहन्हि
छाता रहन्हि, टूटल कमानी रहन्हि
उसरगल छलन्हि कि दनही छलन्हि
कुकुरक चिबौल पनही छलन्हि
साठा पाग रहन्हि चूनक छांछी जकां
कनपट्टी मसुबिर्ध माछी जकां
निमूह धनक जड़ि कटैत रहथि
पांजि पाटिमे चेफड़ी सटैत रहथि
घटक कहलथीन्ह—"हजारेक टका लागत,
विधि-व्यवहार सै सँ ऊपर लागत
बेसी नहि, गोड़ पचासेक देब हमरो
विधाताक संग आशीर्वाद लेब हमरो
सै मे एक अछि कन्या, भोग होओ
सोनमे सुगन्धिक संयोग होओ"

हम अजगि, बाप उताहुल रहथि
ब्यौला रहथि, बेचै लै आकुल रहथि

बूढ़ा दूल्हा

घर था दूल्हे का, कमला[1] किनारे
करते थे खेती, सांझ-सकारे
मर गई जब तीसरी भी घरवाली
क्या कहूँ, शादी की चाह फिर हो आयी
देखने में सूखे-साखे से काठ
रुपये बांध बूढ़े आए सौराठ[2]
सिर उनका औंधा-सा छांछ लगे
जीभ, टापी में गोलही मांछ लगे
दांत थे नहीं, अदंत थे
बुढ्ढ थे, घोंघा बसंत थे
खा रहे थे पान उस पर
लड़की वाले दे रहे थे जान उन पर
देख बूढ़े दूल्हे की चटक-मटक
घूमते-घामते पहुँच गए घटक[3]
पान दबाकर उठायी बात
पूछने लगे परिचय-पात
हाथ में उनके नसदानी थी
छाता जिसमें टूटी कमानी थी
उत्सर्जित थे याकि दान में पाए ?
जूते थे कुत्ते के चबाए
साठा पाग, जैसे चूने की कटोरी रखी
कनपट्टी पर मस्सा जैसे बैठी मक्खी
दबे धन की जड़ काटते थे
जाति की पंजी में पैबंद साटते थे
घटक बोले—"करीब हजार टका लगेंगे
विधि-व्यवहार में सौ से ज्यादा ही लगेंगे
ज्यादा नहीं तकरीबन पचास मैं भी लूंगा
विधाता के साथ-साथ आशीर्वाद मैं भी दूंगा
सौ में एक है लड़की, भोग होय
सोने में सुगंध का संयोग होय"

'कुमरठेली'[4] मैं, बाप उतावले थे
बेचने को आकुल, बावले थे

1. कमला = मिथिला की एक पवित्र नदी। 2. सौराठ = मिथिला का एक प्रसिद्ध गांव, जहाँ वैवाहिक सम्बन्ध तय करने के लिए मेले जैसी सभा लगती है। 3. घटक = अगुआ; बिचौलिया। 4. कुमरठेली = जिस लड़की की शादी की उम्र बीती जा रही हो।

शेष शुद्ध दिन नौ सँ मे पटलन्हि जा क
हमर गर्दनि बाबू कटलन्हि जाक
घटक पँजियाड़ दुनू बजला मिथ्या
सिद्धान्त भेलन्हि तखन उठला विख्या
सड़लि घोड़ीक एकटा एक्का कैलन्हि
सोझें फल्लां गामक सड़क धैलन्हि
मुन्हारि साँझकें पहुँचैत गेला गाम
पकैत रहइ गाछीमे भरखरि आम
पसरल सबतरि बूढ़ वरक बात
आहि रे कनिया, आहि रे अहिबात
ठाढ़ होथि तँ लागथि धनुष जकाँ
कथी लैं बुझि पड़ता मनुष जकाँ
दाढ़ी बनाओल, कपचल मोछ रहन्हि
नाक जेना टिटहिक चोँच रहन्हि
चिक्कन माथ लगन्हि काछुक पीठ जकाँ
बुझि पड़थीन्ह असर्ध जकाँ, ढीठ जकाँ
देखिकें माइकें लगलइ केहेन दन
तामसें भै गेलइ घोर ओकर मन
नाक पर पसेना, कपार पर घाम
ठकुआ गेलि बेचारी ठामक ठाम
दौड़लि गेलि, बाबूकें लगलैं कह'
विषादें नोर भ' क लागलि बह'
"ई की कैल उठाक ल आनल
कमलक कोँढ़ी लै ढेंग कोकनैल
बेटीकें बेचलउँ मड़ुआक दोबर
बूढ़ बकलेलसँ भरलउँ कोबर
जनमितहिँ मारि दितिअइ नोन चटाक
कुहरए ने पड़ितैं घेँट कटाक"
पीअर झोरी दिस आँगुर उठाक
बाबू कहलथीन्ह रुपैया देखाक—
"दुर जाउ, शुभक बेर कनै छी की
दिन घुरलइ छौंड़ीक, जनइ छी की
बनति सए बीघाक खेतक मलिकाइनि
हमरा बेटी सन के हएत धनिकाइनि
बहुत भेल, रहए दिअ, जुनि किछु कहू
जाउ, 'अथ उत मे' पड़लि ने रहू

नौ सौ में पटा, जाकर आखिरी लगन
और काट ली पिता ने मेरी गर्दन
झूठ बोल गए दोनों घटक और पंजीकार
हुआ सिद्धांत[1], हुए उठ तैयार
मरियल घोड़ी वाला एक एक्का किया
सीधे 'फलां' गाँव का रास्ता लिया
पहुँच गए गाँव, गहराई शाम
पक रहे थे बागों में खूब आम
फैली हर तरफ बूढ़े दूल्हे की बात
हाय री दुल्हन, हाय अहिबात[2]
खड़े होते तो लगते धनुष की तरह
क्यों लगते वह किसी मनुष्य की तरह
बनी हुई दाढ़ी, कतरी हुई मूँछ
नाक ऐसी जैसे टिटहरी की चोंच
चिकना माथा, कछुए की पीठ की तरह
लगते थे अश्रद्ध की तरह, ढीठ की तरह
देखते ही कैसा तो लगा माँ को भी
गुस्से में बाँध नहीं पाई मन को भी
नाक पर पसीना, घाम चला सिर पर
ठमक गई बेचारी जहाँ थी वहीं पर
भागी-भागी पिता से लगी कहने
विषाद के आँसू बनी लगी बहने—
"क्या ले आए हो, यह उठाकर
कमल की कली के लिए घुन खाए लक्कड़
मड़ुए के भाव बेटी को बेचकर
बूढ़े-बकलोल से सजाओगे कोहबर
जन्म लेते ही मार देते नमक चटाकर
कुहरना न पड़ता गर्दन कटाकर"
पीली झोली की तरफ उँगली उठाकर
पिताजी बोले रुपये दिखाकर—
"धत्, जाओ भी, शुभ घड़ी में रोती हो क्या
दिन लौटे बिटिया के समझती हो क्या
सौ बीघे खेत की बनेगी मालकिनी
अपनी बिटिया सी कौन होगा धनी
बहुत हुआ, रहने दो कुछ मत कहो
जाओ, 'अथ-उत' में पड़ी मत रहो

---

1. सिद्धांत = वैवाहिक निश्चयपत्र । 2 अहिबात = सुहाग ।

जाउ, कन्यादानक ओरिऔन करू ग
पड़िछन करू ग, चुमौन करू ग
दूसइ लै, लजबइ लै, डरबइ लै
बजै अछि लोक तैं की करबइ लैं"
अहुरिआ कटलक, मललक हाथ
बाबू आगां माय झुकौलक माथ
हुनक अनटोटल बात एक दिस
झरकल सन हमर अहिबात एक दिस
करब की, सब पी गेलउँ घोंटि क
चम्पाक कली फेकल गेलउँ खोंटि क
बिआह चतुर्थी सब भेलइ सम्पन्न
ओ ससुर धन्न ई जमाय धन्न
हम लोहछलि, ओ रहथि आतुर
खिसियैल बिलाड़ि नोंचे धुरखुर
कोहबरसँ माइ लग जाइ पड़ा क
पड़ि रही चुपचाप देह नड़ा क
बूढ़ा नाचै लगला हर्षें
दुरागमन भै गेलन्हि सोझे वर्षें
मनुष रहिअन्हि अपन, लैं अनलन्हि
ताला-कुंजी सबकथु दै देलन्हि
देखिकैं हमरा परभाच्छय उठइए
कहिओ जैं नहिराक लोक अबइए
गरांमे पड़ल सोनक सूति
चलै लागल घरमे सब पर जूति
बूझि पड़ी निर्चित, अछि खगते कथिक
सांइ करैत छथि डरैं सिक सिक
मुदा हृदय अछि हाहाकार करैत
कोंढ़ अछि ध ध ध ध जरैत
छुच्छ कोर, आँखिमे अछि नोर भरल
ने देखल ककरो एहेन कर्म जरल
मनमे उठैत रहइए स्वाति—
"जो रे राक्षस, जो रे पुरुषक जाति !
तोरे मारलि हमरा सभ मरि रहलि छी
किकिया रहलि छी, कुहरि रहलि छी
मोल लइ छैं हमरा तों टका द क
कनबइ छैं बाप भ क, काका भ क
जाइ अछि पानि जकां दिन हमर
जीवन भेल केहेन कठिन हमर

जाओ कन्यादान का इंतजाम कराओ
परिछन करो, लड़के को चुमाओ
लोग बोलते ही हैं, चिढ़ाने के लिए
लजाने के लिए, डराने के लिए"
तड़प उठी, मल लिए हाथ
पिता के आगे माँ ने झुका लिया माथ
उनकी अनमेल बात एक तरफ
जली-सी मेरी अहिबात एक तरफ
करती क्या सब पी गई घोंटकर
चम्पा की कली फेंकी गई खोंटकर
ब्याह-चतुर्थी सब हुए सम्पन्न
ससुर भी धन्न, जमाय भी धन्न
मैं जली-भुनी, वे जल्दी को सोचें
खिसियानी बिल्ली खम्भे को नोंचे
भाग-भाग आती, माँ के पास कोहबर से
लेट रहती, देह सिकोड़कर चुपके से
बुढ़ऊ नाच उठे हर्ष में
हो गया गौना इसी वर्ष में
पत्नी थी उनकी, करा ली विदाई
और सभी तालों की कुंजी थमाई
देखकर, मुझ को लगता, अब रोई
जब कभी मैके से आता है कोई
सोने की हँसली पड़ी गले
रौब अब मेरा ही घर में चले
लगती निश्चिन्त, कमी क्या घर से
करते हैं स्वामी थर-थर डर से
हृदय लेकिन हर पल हाहाकार करता है
अन्दर से कलेजा धू-धू कर जलता है
खाली गोद भरे आँसू नयन में
देखा न किसी का भाग्य ऐसा जीवन में
मन में उठता रहता है स्यात्—
"जा रे राक्षस, जा री पुरुष-जात !
तेरी ही मारी मर रही हैं हम
कराह रही, कुहर रही हैं हम
खरीदते हो हमें दे करके टका
बाप होकर रूलाते हो, होकर के काका
गुजरता है पानी की तरह दिन मेरा
जीवन हो गया है कैसा कठिन मेरा

कँकरा कौ कहबइ, सुनत कै आइ
फाट' हे धरती, समा हम जाइ !"

तरौनी/जनवरी, '41

सुने कौन आज, किसे क्या कहूँ
फटो हे धरती, समा मैं रहूँ !"

बिलाप

नान्हिटा छलौं, दूध पिबैत रही
राजा-रानीक कथा सुनैत रही
घर-आँगनमे ओंघड़ाइ छलौं,
कनिया-पुतरा खेलाइ छलौं,
मन ने पड़ै अछि, केना रही
लोक कहै अछि, नेना रही
माइक कोरामे दूध पिबैत
बैसलि छलौं उँघाइत झुकैत
परतारि क मड़वा पर बहीन ल गेल
की दन भेलै, बिआह भ गेल
पैरमे होमक काठी गड़ल
सीथमे जहिना सिन्नूर पड़ल
वर मुदा अनचिन्हार छला
फूसि ने कहब, गोर नार छला
अवस्था रहन्हि बारहक करीब
पढ़ब गुनब तहूमे बड़ दीब
अंगनहिमे बजलै केदन ई कथा
सुमिरि सुमिरि आइ होइये व्यथा
सत्ते कहै छी, हम ने जनलिअइ
हँसलिअइ कने ने कने कनलिअइ
बाबू जखन मानि लेलथीन
सोझे वर्षे दुरागमनक दिन
सिखौला पर हम कानब सीखल
कपारमे मुदा छल कनबे लीखल
सिन्नूर लहठी छल सोहागक चीन्ह
हम बुझिअइ ने किछु उएह बुझथीन्ह
रहै लगलौं भाइ-बहीन जकाँ
खेलाय लगलौं राति-दिन जकाँ
कोनो बस्तुक नहि छल बिथूति

विलाप

नन्ही-सी थी, पीती थी दूध
राजा-रानी की सुनती थी कहानियाँ
लोटती रहती थी घर-आँगन में
गुड्डे-गुड्डी का रचती थी खेल
कैसी थी तब, स्मरण नहीं अब
कहते हैं लोग नन्ही सी थी
पीती हुई दूध माँ की गोद में
बैठी ऊँघती हुई, झुकती हुई
बहलाकर मंडप पर बहन ले गई
क्या सब तो हुआ और हो गया विवाह
पाँव में गड़ी होम की लकड़ी
माँग में जैसे सिंदूर पड़ी
लेकिन अजनबी था दूल्हा
झूठ न कहूँगी, था गोरा-भला
बारह के करीब रही होगी उमर
पढ़ने-लिखने में भी बड़े सुघड़
आँगन में ही किसी ने कही यह बात
याद कर-करके आज भी उठती है टीस
सच्ची कहती हूँ, मैं न समझ पाई
न आई थोड़ी हँसी, न आई रूलाई
जब मान लिया पिता ने
वर्ष के भीतर ही गौने का दिन
सिखाने पर सीखा मैंने रोना
भाग्य में तो लिखा था रोना ही रोना
सिन्दूर और चूड़ियाँ सुहाग के चिन्ह थे
न मैं समझती, न वे समझते थे
रहने लगे भाई-बहन की तरह हम
खेलने लगे रात-दिन की तरह हम
किसी चीज की नहीं थी कमी

कलेसक ने नाम दुखक ने छूति
होम' लागल यौवन उदित
होम' लागल प्रेम अंकुरित
बारहम उतरल, तेरहम चढ़ल
ज्ञान भेल रसक, सिनेह बढ़ल
ओहो भै गेला बेस समर्थ
बूझै लगला संकेतक अर्थ
सुखक दिन लगिचैल अबैत रहै
मन आशाक मलार गबैत रहै
बन्हैत रही बेस मनोरथक पुल
बिधाता बूझि पड़ छल अनुकूल
दनादन दिन बितैत रहै
अभागलि हैब, से क्यो ने कहै

एक दिन उठलन्हि हुनका दर्द
टोल भरिमे भै गेल आसमर्द
कते वैद डाकदर बजाओल गेला
तैयो ने हाय ओ निकें भेला
बहार के देलकन्हि लोग आबि क
जान लै लेलकन्हि रोग आबि क
बैतरणीमे उसरगल गेलन्हि बाछी
उठा कै लै जाइत गेलथिन्ह गाछी
पोखरिपर लहठी फूटल हमर
सीथसँ सिन्नूर छूटल हमर
ठोहि पाड़िक हकन्न कनैत रही
एना हैत से की जनैत रही
लगै अछि चारू दिस अन्हार जकाँ
ने बूझि पड़ क्यो चिन्हार जकाँ
विष सन अवस्था, पहाड़ सन जीवन
संसारमे हमर के अछि अपन ?
कानी तँ चुप कैनिहार क्यो नहि
रूसी तँ बौंसनिहार क्यो नहि
हम पड़लि छी टूटल पुल जकाँ
मौलैल, बिनु सूंघल फूल जकाँ
आगि छुबै छी तँ जरैत ने छी
माहुर खाइ छी तँ मरैत ने छी
कोंढ़ फाटै मुदा ने जाय जान
कोन पाप कैने छलौं हे भगवान
भरल आँगन सुन्न हमरा लेँखे

नाम नहीं क्लेश का, दुख का नहीं लेश
होने लगा यौवन उदित
होने लगा प्रेम अंकुरित
बारहवाँ उतरा, तेरहवाँ चढ़ा
बोध हुआ रस का, स्नेह बढ़ा
वे भी हो गए पूरे सयाने
समझने लगें संकेत के माने
नजदीक आ रहे थे सुख के दिन
आशा का मल्हार गा रहा था मन
बनाती रहती कामनाओं के पुल
लग रहे थे विधाता भी अनुकूल
दनादन दिन बीतते थे
अभागन हो जाऊँगी कोई नहीं कहता था

एक दिन हो उठा उन्हें दर्द
पूरे टोले में मच गया शोर,
कितने वैद्य-डाक्टर गये बुलाए
तब भी न हाय, वे ठीक हो पाये
बाहर निकाल दिया लोगों ने आकर
ले ली जान रोग ने आकर
वैतरणी के लिए दी गई बछिया दान में
उठाकर ले गए सब बगीचे के मसान में
पोखरे पर फोड़ी गयीं मेरी चूड़ियाँ
मिट गयी माँग से मेरी सिन्दूर
रो रही थी चिल्लाकर जार-बेजार
जानती कहाँ थी कि ऐसा हो जाएगा
लगता है हर दिशा अन्धकार हो जैसे
नहीं कोई अपना, हों सभी बेगाने जैसे
जहर-सी उम्र पहाड़-सी जिन्दगी
संसार में अब कौन रहा भला अपना ?
रोऊँ तो चुप कराने वाला कोई नहीं
रूठूँ तो मनाने वाला कोई नहीं
पड़ी हूँ टूटा पुल होऊँ जैसे
कुम्हलाए अनसूंघे फूल हूँ जैसे
आग छू लूँ तो जलती नहीं हूँ
जहर खा लूँ तो मरती नहीं हूँ
फटता है कलेजा मगर निकलती नहीं जान
कौन-सा पाप किया था हे भगवान
भरा-पूरा आँगन सूना मेरे लिए

फूजल घर निमुन्न हमरा लेखँ
लोक अलच्छि बुझैए, अशुभ बुझैए
अनके नहि, से अपनो सुझैए
बिनु बजौने कतौ जाइ ने आबी
मुहमे लगौने रहै छी जाबी
भुस्साक आगि जकाँ नहू नहू
जरै छी मने-मने हमहू
फटै छी कुसियारक पोर जकाँ
चैतक पछबामे ठोर जकाँ
काते रहै छी जनु धैल छुतहड़
आहि रे हम अभागलि कत बड़
भिन्सरे उठि प्रातस्नान क' क
जप करै छी हुनके ध्यान ध' क
धर्मसँ जीवन बिताबै चाहै छी
इज्जति आबरू बचाबै चाहै छी
तैओ करै चाहै छथि हमरा नचार
केहेन केहेन ठोप चानन कैनिहार !
ओहनाक सङे जँ हम खाधिमे खसी
ओ नुकैले रहता, हमर हैत हँसी
स्त्रीगणक जाति हम थिकौं अबला
तहू पर विधवा, कहू त भला !

पुरुषक जाति ओकरा के की कहतै
ओकरे समाज ओकरे बात रहतै
उठा लितथि बरु भगवान हमरो
कथी लै भारी लगितिअइ ककरो
मरब तँ कानत क्यो नहिएँ
रहब तँ क्यो जानत नहिएँ
इहो जीवन कोनो जीवन थीक
एहिसँ कुकुर-बिलाड़िए नीक
माय-बापक मनोरथक शिकार भ क
बेकार भ क, दबल हाहाकार भ क
पँजियाड़ ओ घटकराजक नामपर
व्यवस्था ओ समाजक नामपर
विधवा हमरे सन हजारक हजार
बहौने जा रहलि अछि नोरक धार

खुला घर निरर्थक मेरे लिए
लोग कुलच्छनी समझते हैं—अशुभ मुझे मानते हैं
दूसरे ही नहीं, मुझे खुद भी लगता है
कहीं न आती न जाती हूँ बिना बुलाए
मुंह सीये रहती हूँ जाली लगाए
मन ही मन सुलगती रहती हूँ
शनैः-शनैः भूसे की आग की तरह
फटती रहती हूँ ईख के पोर की तरह
चैत की पछिया में ओठ की तरह
छुतहर[1] घड़े की तरह किनारे दबी रहती हूँ
कितनी बड़ी अभागी हूँ आह री मैं !
अहल भोर उठकर करती स्नान
करती हूँ जप उनका धर ध्यान
चाहती हूँ धर्मपूर्वक जीवन बिताना
चाहती हूँ इज्जत-आबरू बचाना
इस पर भी करना चाहते हैं लाचार
बड़े-बड़े चन्दन-टीका धारी तक !
वैसों के साथ जो जा गिरूँ गढ़े में
वे गुमनाम ही रहेंगे, मेरी होगी हँसी
औरत की जात, मैं हूँ अबला
इस पर भी विधवा, कहो तो भला !

मर्दों की जात उसे कौन क्या कहेगा
उसकी चलेगी बात, समाज उसका ही रहेगा
इससे तो अच्छा भगवान उठा लेते
किसी पर रहती क्यों बन भार
मरूँगी तो रोएगा नहीं कोई
जीऊँ तो जानेगा नहीं कोई
ऐसी भी जिंदगी कोई जिंदगी है ?
इससे तो कुत्ते-बिल्ली अच्छे हैं
माँ-बाप के मनोरथ का शिकार होकर
बेकार होकर, दबी हाहाकार होकर
पंजीकार और घटकराज के नाम पर
व्यवस्था और समाज के नाम पर
विधवाएँ मेरी जैसी हजार के हजार
बहाए जा रही हैं आँसू की धार

1. छुतहर = किसी की मृत्यु के बाद त्याग दिए गए मिट्टी के बरतन ।

ओहीमे ई मुलुक डूबि बरु जाय
ओहीमे लोक-वेद भसिया बरु जाय
अगड़ाही लगौ बरु बज्र खसौ
एहेन जातिपर बरु धसना धसौ
भूकम्प होक बरु फटौ धरती
माँ मिथिला रहिये क की करती !

तरौनी/जनवरी,'41

उसी में यह मुल्क डूब भले जाय
उसी में लोग-बाग बह भले जाय
नाश हो जाय या वज्र भले गिरे
ऐसी जाति पर भले ही पहाड़ धँस पड़े
हो जाय भूकम्प या फट जाय धरती
माँ मिथिला रहकर ही क्या करेगी !

कौसिकीक धार

कौसिकीक धार
नावोपर बैसि जखन करैं छलहुँ पार
देखि तखन रुद्र हुनक रूप
मोन पड़ल पोखरि मोन पड़ल कूप
डूबल भसल मोन पड़ल नाव
मोन पड़ल हैजा मलेरियाक ताव
उपटल सन डीह-डाबर सुन्नसन गाम
—लेवलें नाम
रहल होइ वंशमे क्यों ने जाहि ठाम
कल्पना ताहि ठाँक जोड़ै लागल तार
नावपर बैसि जखन करैं छलहुँ पार
—कौसिकीक पार
कहतैंन्ह के हिनका अरे दयालु ?
एक दिस कुस-कास दोसर दिस बालू
नङटे नचै छैन्ह बीचमे हहैल-फुहैल धार
थिकैं ककर दीन जे जैत ओहि पार
कोसक कोस झौआ जों ने भेटै ठाढ़
बूझि लेब जे थिकैंक मास ई अषाढ़
कुम्हीक लेत अऽढ़
चारक पुरान खऽढ़
कोड़ो धरैत खाम्ह
बरेड़ीक संग संग
छल जा रहल बहैत
उपराग उलहँन दैत
—देखि भेलहुँ दंग
क्षीरसागरमे सुतल भगवानकें करबाक हेतु तंग—

कोशी की धार

कोशी की धार
नाव पर बैठा जब कर रहा था पार
देखकर तब उसका वह रूद्र रूप
याद आए पोखर, याद आए कूप
डूबती-उतराती याद पड़ी नाव
याद पड़े हैजा मलेरिया के ताव
खंडहर बनी डीह, उजरे-उजरे ग्राम
—लेने भर को नाम
रहा न हो वंश में कोई भी जहाँ
वहाँ की कल्पना से जुड़ने लगे तार
नाव पर बैठा जब कर रहा था पार
—कोशी की धार
कहेगा कौन अरे, इनको दयालु ?
एक ओर कास-कुश, दूसरी ओर बालू
बीच में नाचती है नंगी, इनकी बिफरती-सी धार
है किसकी मजाल जो जाए उस पार
कोस के कोस झौआ के जंगल, जो न मिलें खड़े
समझ लो महीना आषाढ़ का आ गया
कुम्भियों का लिए ओट
पुराने फूस छप्पर के
बल्लियों को पकड़े खम्भे
बरेड़ी के संग-संग
जा रहे थे बहते
उलाहना-उपराग कहते
—देख हुआ दंग
क्षीर सागर में सोए भगवान को करने के लिए तंग

जाइत रहै, बूझि पड़ल, कौसिकीक धार
नावोपर बैसि जखन करै छलहुँ पार
—कौसिकीक धार

गाछी सुखाय गेल
कलमबाग नष्ट भेल
उजड़ल देहात
बिगड़ल बसात
लोकवेद बेहाल
पड़ल अकाल
मुइल माल-जाल
कतहु रहल ने शेष
आरि धुरक ने रेख
लै गेली बहाय सभक
खेत ओ पथार
कौसिकीक धार !

पटना/जून, '43

प्रेयसी

ठाढ़ि भेली आबि तोँ तैखन कहाँसँ
हे हमर हीरा, हमर मोती, हमर हे सोन !
चिन्तनाक अथाह जलमे लगौलक डुबकी
जखन ई मोन !
उठाओल चिरकालसँ निहुँड़ल अपन ई माथ
कान्हपर जैखन देलह तोँ हाथ !
हे हृदय ! हे प्राण !

तोँ ने रहतिह संगमे
तँ क' ने सकितहुँ हिमगिरिक अभियान !
रोहिणिया आमक सुपक गोपी जकाँ तोँ
करै छह सदिकाल गमगम सजनि हमरा हेतु
सकै छथि क की हमर ओ राहु आ, की केतु ?
जाबत तोँही केंद्रमे छह राति-दिन साकांक्ष
चिर वियोगक आगिमे
तोरा जखन हम ठेलि बनलहुँ

जा रही थी—ऐसी लगी कोशी की धार
नाव पर बैठा जब कर रहा था पार
—कोशी की धार

बगीचे सूख गए
नष्ट हुई अमराई
उजड़े देहात
दूषित हुई हवा
लोग-बाग बेहाल
पड़ा अकाल
माल-मवेशी मरे
कहीं नहीं बचे
मेड़ों के निशान
ले गई बहाकर सभी के खेत
अनाज के अम्बार
कोशी की धार !

प्रेयसी

खड़ी हो गई आकर तुम उस क्षण कहाँ से
ओ मेरी हीरा, मेरी मोती, ओ मेरी सोना !
चिंतन के अथाह जल में लगाने लगा डुबकी जब
अपना यह मन !
उठाया चिरकाल से झुका अपना यह माथ
तुमने जिस घड़ी रख दी कंधे पर हाथ
हे हृदय ! हे प्राण !

जो तुम न रहतीं साथ
तो कर न पाता हिमगिरि का अभियान !
गछ-पका रोहिणियाँ-गोपी आम की जैसी
सुवासित रहती हो हर क्षण सजनि मेरे हेतु !
बिगाड़ क्या सकते हैं मेरा वे राहु और केतु ?
जब तक तुम ही केंद्र में हो रात-दिन साकांक्ष
चिर-वियोग की आग में
ढकेलकर तुमको जब मैं बन गया

परिव्राजक एसगरे ओहि बेर सखि चुपचाप
कते सहने रह तों परिताप ?
बहुत दिनपर ज्ञान एतबा भेल जे हम
केहेन निष्ठुर केहेन निर्मम केहेन पाषाण !
हे हृदय ! हे प्राण !

अपन इच्छापर तोहर आशाक कैलियहु होम
तों बनलि रहली सदै सखि मोम !
जखन तोरा लग एलहुँ फेर,
क्षमा कैलह हमर सब अपराध
कनियो ने लगौलह देर !
बाजि उठली सुमुखि तों बिहुँसैत—
की करबैक लै एहिना एलैऐ ह्वैत !
एक आँखि कनैत अछि जग एक आँखि हँसैत !
कोनो कारणसँ कदाचित रहै अछि जँ स्त्री-पुरुष दुइ ठाम
बढ़ल जाइत छइ सिनेह, ने ह्वैत छैक विराम !
ह्वैत एलैऐ सदै संयोग आ, कि वियोग
हमहूँ भोगि, ता भोगबाक छल जे भोग !
एकसँ दू भेलहुँ प्रियतम,
आब मिलि जुलि क सकब
हमरा लोकनि घर बाहरक कल्याण
आउ, स्वागत
हे हृदय ! हे प्राण !

जै दियो ग
अहाँ की करबैक लै
एहिना एलै ऐ ह्वैत···
बाजि उठली सुमुखि तों बिहुँसैत !

आइयो तँ छी समुद्रक कातमे हम ठाढ़
(हम एम्हर छी तों ओम्हर छ बीचमे व्यवधान—
एक डेढ़ हजार कोसक !
की करो स्थलयान वा जलयान ?
कते व्यक्ति बजैत छथि जे
एहि युद्धक बाद खूब हेतैक सस्ता विमान !)
हे हृदय, हे प्राण !

बम्बई/अप्रैल, '45

परिव्राजक अकेला उस समय सखि चुपचाप—
कितना सहा होगा तुमने परिताप ?
बहुत दिनों पर ज्ञान इतना हुआ कि मैं
कैसा निष्ठुर, कैसा निर्मम, कैसा पाषाण !
हे हृदय ! हे प्राण !

अपनी इच्छाओं पर कर दिया तुम्हारी आशा का होम
तुम बनी रहीं सदा सखि मोम !
जब तुम्हारे पास आया पुनः
क्षमा कर दिए मेरे सभी अपराध
तनिक भी न लगाई देर !
बोल उठीं सुमुखि तुम बिहुँसकर—
क्या कीजिएगा, ऐसा ही होता आ रहा है !
एक आँख संसार हँसता, एक रोता आ रहा है !
दो जगहों पर रहें स्त्री-पुरुष किसी कारण यदि कदाचित
बढ़ता ही जाता है स्नेह, होता नहीं विराम !
होता ही आया सदा संयोग या कि वियोग
भोग लिए हमने जितना भोगना था भोग
एक से दो हुए प्रियतम
हम मिल-जुलकर कर सकेंगे अब
घर-बाहर कल्याण
आइए, स्वागत
हे हृदय ! हे प्राण !

जाने भी दीजिए
क्या करेंगे आप भी
ऐसा ही होता रहा है···
बोल उठीं सुमुखि तुम बिहुँसकर !

आज भी तो हूँ सागर के किनारे पर खड़ा मैं
(मैं इधर हूँ, तुम उधर हो बीच में
एक-डेढ़ हजार कोस का व्यवधान !
क्या करे स्थलयान वा जलयान ?
लोग कितने कह रहे कि
खूब सस्ता हो जाएगा युद्ध के बाद विमान !)
हे हृदय, हे प्राण !

फेकनी

छें रखने पौआही फुच्ची दैवहिक देल,
दै छही मिला तइओ अँटकर सँ पानि नित्त,
तइओ तोरहिसँ दूध उठोना लैत छिअउ
टिप्पी टा देने जाइत छें,
से नहि कहियो बिसुरल ताकहिँ ।
बान्हल छउ दूटा बूढ़ि गाए दच्छिना योग ओरिआनीमे
बेचलएहें बाछा गोड़ पाँचेक कोरियानीमे
बाछी नहि छउ जे रखितें बैतरनीक हेतु
गै, क्यो नहि ओतहु काज, कथीलै छें बेहाल ?
ने खाइ छही ने पिबइ छही बहिते रहैत छें सदरि काल
की करबें तों कैंचा बचाय
गै, बेटा पीबै छउ ताड़ी ।
टाड़ामे रखबें नुका नुका ?
क लेतउ पुतहु ओहो बहार !
ओहू दिन देखने रहिअउ जे तोहर दलान लग
ठाढ़ रहो रूपन सोनार
अपने तों सहजहि बूढ़ भेलें
भ गेलो नातियोसभ समर्थ
कर दान-पुन्न, कर तीर्थ-बर्त
गै फेकनी, तों कपिलेस्सर जो !
दसहरा एलइ
सपनहुँमे नहि तों गेल हेबें
एहि जन्म सिमरिआ घाट—हे गै !
जो भ आ ग,
संगी-साथी लै नहि खगतउ—
टुनटुन जाइत छथि सपरिवार
मैना पीसी सेहो जैती आ, यारकका सेहो जेता;
की ग्वार-गोढ़ि की तेलि-सूँड़ि
सब जाय रहल गंगा नहाय !
दसहरा एलइ
गै फेकनी, तहूँ भ आ ग, की करबें तो कैंचा बचाय,
बरु नातिनिएँकें कहि जैहइ—
पौआहीसँ दू फुच्चीकँ ता देल करत बरु दूध वैह,
सिखतउ परोच्छमे तोहर गुन
देतैक मिला छौंड़ी अँटकरसँ पानि नित्त
टिप्पी देम अबिते हेतैक !

फेकनी

पौआही नपना भी रखा है तूने भगवान का दिया,
उस पर भी मिला देती हो पानी अंदाज से नित्य,
फिर भी तुझसे ही लेता हूँ दूध माहवारी पर
बस टीपती भर जाती है एक निशान,
यह कभी भूलने से रही !
बँधी है दो बूढ़ी गाय दक्षिणी पलानी में
पाँच-छ: तो बेचे होगे बछड़े जाकर कोरियानी में
बछिया तो है नहीं जो रख छोड़ती वैतरणी के लिए
अरी, कोई नहीं देगा काम, क्यों है बेहाल ?
न खाती है, न पीती है, जुती रहती है हर घड़ी
क्या करेगी बचाकर पैसे
अरी, बेटा तो पीता रहता है ताड़ी ।
हँड़िया में रखेगी छुपा-छुपा ?
निकाल लेगी वह भी पतोहू !
उस दिन भी देखा था तेरे ही दलान के पास
खड़ा था रूपन सुनार
खुद तो तू बूढ़ी हो ही चली
नाती सब भी तो हो गए सयाने
कर ले दान-पुण्य, कर ले तीर्थ-व्रत
अरी फेकनी, दर्शन कर आ कपिलेश्वर के !
दशहरा आया
सपने में भी नहीं गई होगी तू
इस जन्म सिमरिया घाट, अरी ओ !
जा, हो आ
साथी-संगी की भी नहीं होगी कमी—
टुनटुन जा रही है सपरिवार
मैना फूफी भी जाएगी और यार काका भी जाएंगे
क्या ग्वाल-गोंढ, क्या तेली-सूरी
सबके सब जा रहे गंगा नहाने !
दशहरा आया
अरी फेकनी, तू भी हो आ, क्या करेगी पैसे बचाकर
न हो तो नतिनी को ही कह जाना—
पौआही से दो नपने दूध वही दे दिया करेगी तब तक
सीख भी लेगी परोक्ष में तेरा गुण
छोकरी मिला देगी पानी अंदाज से नित्य
निशान टीपना तो जानती ही होगी !

की करबैँ तोँ कँवा बँचायँ
फेकनी गै, जो कर तीर्थ-बर्त
बुचिया, बचबा, आ कंचनमा
भ गेलउ नाति तीनू समर्थ
जिनगीक ठेकाना कोन,
आब तो सहजहिँ पाकल आम भेलैँ !
दैं छही मिला तइओ अंटकर सँ पानि नित ।
छैँ रखने पोआही फुचवी दैवहिक देल ··

बम्बई/ अप्रैल, '45

लखिमा

कवि कोकिलक कल-काकलिक रसमञ्जरी
लखिमा, अहाँ छलि. हैब अद्‌भुत सुन्दरी
रुष्ट होइतहुँ रूपसी
कहि दैत क्यो यदि अहांके विद्यापतिक कवि-प्रेयसी
अहाँ अपने मौन रहितहुँ
कहनिहारक मुदा भ जइतैक सत्यानाश !
मानित'थिन ईह !
सुनित'थिन शिवसिंह तऽ घिचबा लित'थिन जीह !
दित'थिन भकसी झोंकाय तुरन्त
क दित'थिन कविक आवागमन सहसा बंद
अहूँ अन्त:पुरक भीतर
बारिकें अन्न-पानि
सुभग सुन्दर कविक धरितहुँ ध्यान
बूढ़ि बहिकिरनीक द्वारा
कोनो लाथेँ
अहाँकेँ ओ पठबितथि संदेश—
(सङहि सङ झुलफीक दुइटा केश !)
विपुल वासन्ती विभवकेर बीच विकसित भेल
कोनो फूलक लेल
लगबथुन गऽ क्यो कतेको नागफेनिक बेढ़
मुदा तैँ की भ्रमर हैत निराश ?
मधु-महोत्सव ओकर चलतइ एहिना सदिकाल !
कहू की करथीन क्यो भूपाल वा नभपाल
अहाँ ओमहर

क्या करेगी तू पैसे बचाकर
अरी फेकनी, जा कर ले तीर्थ-व्रत
बुचिया, बचबा और कंचनमा
तीनों नाती हो गए सयाने
जिंदगी का क्या ठिकाना
अब तो यों ही तू पका हुआ आम हुई !
उस पर भी मिला देती है पानी अंदाज से नित्य ।
पोआही नपना भी रखा है तूने भगवान का दिया···

लखिमा

कवि कोकिल की कल-काकली की रसमंजरी
लखिमा, तुम रही होगी अद्‌भुत सुंदरी
रूठ जाती रूपसी
कह देता यदि कोई तुम्हें विद्यापति की कवि-प्रेयसी
स्वयं तो तुम मौन ही रहतीं
मगर कहने वाले का सत्यानाश हो जाता !
मान लेते क्या, वाह !
सुनते शिवसिंह तो खिंचवा लेते जीभ !
भकसी में झोंकवा देते तुरंत
करवा देते कवि का आवागमन सहसा बंद
अन्त:पुर के भीतर तुम
त्यागकर अन्न-जल
सुभग सुन्दर कवि का करतीं ध्यान
बूढ़ी दासी के द्वारा
किसी बहाने
तुम्हें वे भिजवाते संदेश —
(साथ ही साथ अपने लटों के दो केश !)
विपुल वासंती विभव के बीच विकसित हुए
किसी फूल के लिए
भले कोई कितना भी नागफनी की लगावे बाड़
मगर इससे क्या, भ्रमर होगा निराश ?
इसी तरह चलता रहेगा उसका मधुमहोत्सव हर समय
कहो, क्या कर लेंगे कोई भूपाल या नभपाल
तुम उधर

हम एम्हर छी
बीचमे व्यवधान
राजमहलक अति विकट प्राकार
सुरक्षित अन्तःपुरक संसार
किन्तु हम उठबैत छी
कोखन कतहु जँ
वेदना विह्‌ल अपन ई आँखि
अहींटाकेँ पाबि सजनि ठाढ़ि चारू दिस
विस्मय विमोहित कंठसँ बहराय जाइछ 'ईस' !
खिन्न भ' अलसाइ जनु धरि
बारि जनु दिय अन्न किंवा पानि
व्यर्थ अपनहि उपर कोखन करिअ जनु अभिरोष
विधि विडम्बित बात ई, एहिमे ककर की दोष ?
नहि कठिन खेपनाइ कहुना चारि वा छौ मास
देवि, सपनहुँमे करिअ जनु हमर अनविश्वास
अहिँक मधुमय भावनासँ पुष्ट भय
प्रतिभा हमर
रचना करत से काव्य
जाहिसँ होएताह प्रसन्न नरेश
पुनि हमरो दुहुक मिलनाइ होएत—
सखि, सहज संभाव्य ।

अहाँकेँ कवि पठबितथि संवाद
पाबि आश्वासन अहाँ तत्काल अनशन छाड़ि
होइतहुँ कथंचित् प्रकृतिस्थ !
मनोरंजन हेतु—
हंसक मिथुन अंकित क' देखबितए
कोनो नौड़ी,
कोनो नौड़ी आबि गाबिकँ सुनबैत
ओही प्रियकविक निरुपम पदावलि
जाहिसँ होइत अहाँकेर
कान दुनू निरतिशय परितृप्त !
चित्त होइत तृप्त !
घृणा होइतए महाराजक उपर
धिक धिक !
स्वयं अपने
एकसँ बढ़ि एक एहन
निरुपमा गुणसुन्दरी शत-शत किशोरीकेँ
विविध छल छंदसँ

मैं इधर हूँ
बीच में व्यवधान
राजमहल का अति विकट प्राकार
सुरक्षित अन्तःपुर का संसार
किंतु यदि कभी कहीं
उठाता हूँ मैं
वेदना-विह्वल अपनी यह आँख
पाकर तुम्हें ही सजनि खड़ी चारों ओर
विस्मय विमोहित कंठ से निकल जाती 'ईस' !
अलसा न जाना रमणि, तुम खिन्न होकर
त्याग मत देना अन्न किंवा जल
स्वयं अपने पर कभी करना नहीं अभिरोष !
विधि विडम्बित बात यह, इसमें कहो किसका दोष ?
कठिन नहीं किसी तरह काट लेना चार या छः मास
सपने में भी नहीं करना मुझ पर देवि, अविश्वास
तुम्हारी ही मधुमय भावना से पुष्ट हो
प्रतिभा मेरी
रचेगी वह काव्य
होंगे जिससे प्रसन्न नरेश
फिर, हम दोनों का भी होगा मिलन—
सखि, सहज संभाव्य !

तुम्हें कवि भिजवाते सम्वाद
पा आश्वासन तुम तत्काल अनशन छोड़
होतीं किसी प्रकार प्रकृतिस्थ !
मनोरंजन हेतु—
दिखाती चित्रित कर मिथुन हंसों को
कोई दासी,
कोई दासी आ गाकर सुनाती
उसी प्रिय कवि की निरूपम पदावली
जिससे होते तुम्हारे
कान दोनों निरतिशय परितृप्त !
और चित्त होता तृप्त !
महाराज से होती घृणा
धक् धिक् !
स्वयं तो खुद
एक से बढ़ एक ऐसी—
निरूपम गुणसुंदरी शत-शत किशोरियों को
विविध छल-छद्म से

किंवा प्रतापक प्रबलतासँ
पकड़ि कए मँगबाय
अन्न-जल भूषण-वसन श्रृंगार सामग्रीक ढेर लगाय
सुरक्षित अन्तःपुरक एहि अरगड़ामे
बनौने छथि कैकटा रनिवास
बंदी शिविर सन डेरासभक क्रम-पात
एककेँ दोसराक सङ नहि रहइ जाहिसँ मेल
चक्रचालि चलैत छथि ताहि लेल
कखन करथिन ककर आदर वा ककर सम्मान—
घटौथिन ककर कखन दिनमान—
अही चिन्तामे सदए लागल रहए हमरासभक जीजान
महाराज चरण सम्वाहन कर मे
सफल होइछ
एक मासक भितर जे दुइ राति
पुण्यभागा सुहासिनि अभिशप्त से देवांगना
नहि थीक स्त्रिगणक जाति !
अभागलि कट गोट होएत एहन जकरा
छूबि छाबि कनेक
देने छथिन पुनि अनठाय
मने ओसभ गाछसँ तोड़लाक उतर
कने दकरल लतामक थुरड़ी जकाँ हो
एम्हर-ओम्हर पड़ल पांडुर
कोनो अगिमुत्तूक निर्मम निठुरताक प्रतीक !
सुनइ छी, राजा थिका नारायणक अवतार
करबाक चाही हुनक जय-जयकार
किन्तु की भगवान सेहो
क्षीर सागर मध्य
एहिना आड्वाल रचि विचरैत छथि ?
इच्छानुसार करैत छथि अभिसार—
आइ ककरो ?
कालिह ककरो ?
इन्दिराकेँ बाध्य भ की एहिना
अनका बनाव' पड़इ छनि हृदयेश ?
तुमैत एहिना तूर
जाइत होएब अहाँ बहुतो दूर
भावनाक अनन्त पथ दिस
एकसरि चुपचाप···
तुमैत अहिना तूर

किंवा प्रताप की प्रबलता से
मँगवा पकड़कर
अन्न-जल भूषण-वसन श्रृंगार-सामग्री की लगाकर ढेर
सुरक्षित अन्त.पुर के इस पशु कारागार में
बना रखे हैं कई रनिवास
बंदी शिविर की तरह डेराओं की पाँत
जिससे एक-दूसरे के साथ रह न पावे मेल
इसीलिए रचते हैं चक्र चाल
कब किसका आदर करेंगे, किसका सम्मान—
कब किसका घटा देंगे दिनमान—
इसी चिंता में लगी रहती सदा हम जी-जान से
करने में महाराज के चरण संवाहन
सफल हो पाती
एक मास के अंदर जो दो रात
पुण्यभागा सुहासिनी अभिशप्त वह देवांगना
नहीं है सामान्य औरत !
कई अभागिनी तो ऐसी होगी जिसे
छू-छाकर जरा
भूले बने अनजान
जैसे पेड़ से तोड़ने के बाद वे सब
तनिक दांत से कुतरी अमरूद की कच्ची फली हो
इधर-उधर पड़ी पांडुर
किसी 'अगमुत्तू' की निर्मम निठुराई के प्रतीक !
सुनते हैं राजा हैं नारायण के अवतार
करना चाहिए उनकी जय-जयकार
किंतु क्या भगवान भी
क्षीर सागर मध्य
इसी तरह रच ताम-झाम विचरते हैं ?
इच्छानुसार करते हैं अभिसार—
आज किसी से ?
कल किसी से ?
इसी तरह क्या बाध्य होकर इंदिरा को
बनाना पड़ता है अन्य को हृदयेश ?
इसी तरह तूमती कपास
चली जाती होगी तुम बहुत-बहुत दूर
भावना के अनन्त पथ की ओर
अकेली चुपचाप···
इसी तरह तूमती कपास

विद्यापतिक कविताक हे चिरउत्स, हे चिरनिर्झरी !
लखिमा, अहाँ छलि हैव अद्‌भुत सुंदरी !

पटना/जनवरी, '45

विद्यापति की कविता की हे चिर उत्स, हे चिर निर्झरी !
लखिमा, तुम रही होगी अद्‌भुत सुंदरी !

उड़ान

कल्पनाक पाँखि
प्रेयसीक आँखि
सहि सकत हमर स्वप्न केर भार ?
बजा सकत हमर हृदय-वल्लरीक तार
तापसिक कठोर
तर्जनीक पोर ?

सुरभि मृदु समीर
परसि ई शरीर
कँ सकत एहिमे चेतना प्रदान ?
गाबि सकत हमर मुक्तवृत्त करुणगान
सागरक तरंग
मधुरताक संग
तप्त मरुक भूमि
एलहुँ हम घूमि
जनिक स्मरण-सलिल सिक्त हृदय रहल थीर
बूझि पड़ल बालु आ कि रेत जनु अबीर
की तनिक नाम ?
कोन हुनक गाम ?

पड़ल जखन साँझ
घोर विपिन माँझ
तहि समय मूनि आँखि शरण जकर लेल
सएह त ने तो थिकी, नाम बिसरि गेल ।
एहने अनूप
मोन पड़ए रूप

बेस, रह' सएह
मुदा छाड़ि दएह

उड़ान

कल्पना की पाँख
प्रेयसी की आँख
सह सकेंगी मेरे स्वप्न के भार ?
बजा सकेंगी मेरी हृदय-वल्लरी के तार
तापसी के कठोर
तर्जनी के पोर ?

सुरभि मृदु समीर
परस यह शरीर
कर सकेगा इसमें चेतना प्रदान ?
गा सकेगा मेरा मुक्त वृत्त करुण गान
सागर के तरंग
मधुरता के संग
तृप्त मरुभूमि
आया मैं घूम
जिसके स्मरण-सलिल से सिक्त हृदय रहा थीर
मालूम पड़े बालू अथवा रेत ज्यों अबीर
क्या उनका नाम ?
कहाँ उनका ग्राम ?

हुआ जब सांध्य
घोर विपिन मध्य
उस समय आँख मूँद गया जिसकी शरण
कहीं वही तो नहीं तुम, हुआ नाम विस्मरण
ऐसा ही अनूप
याद आया रूप

खैर, वही रहे
मगर छोड़ मुझे दो

एखन उड़ल जाइछी नील गगन दिस
संग सखा एक नहि, पाँच-दस-बीस
अप्सरा नचैछ
हृदयकें जँचैछ !

बम्बई/मार्च, '45

अभी तो पाँच-दस-बीस सखा संग ले, उड़ान
भर रहा हूँ, सामने है नील आसमान
अप्सराएँ नाचती
हृदय को जांचतीं !

गामक चिट्ठी

चिट्ठी पबैत देरी तुरंत
भ जैब विदा
जँ हाथ होए खाली तइओ···
से लिखलन्हि अछि बउआक माए
अपनहि हाथें !

झट आउ गाम,
नहि आबी त हमरे सप्पत;
जँ होए एको रत्ती सिनेह बेटाक हेतु
जनु अनठबियौ
भ जाउ बिदा चिट्ठी पबैत देरी तुरंत
से लिखलन्हि अछि अपनहि हाथें बउआक माए !

पछुअति दिस चुबै छल परुकों
जनितहि छी भनसाघरक चार
एहि बेरि ने मानल जैत
छराबहि पड़त पुरनका खढ़ उछेहि
बाती पुरान
बन्हन सेहो सड़ि गेल छैक
सजमनिक रहै लत्ती लतरल
गोन्हू कन्हाइ बौका करिया सबहक पैरें
धाङल गेलैक अछि राति-दिन
फड़ितहुँ रहैक सरिपहुँ कत्ते
खैलक अछि भरि टोलाक लोक
दुद्धी सजमनि
बतिया सजमनि
से एहि बेरि
अति आबसक अछि घर छरएब—

गाँव की चिट्ठी

चिट्ठी पाते ही तुरंत
विदा हो जाना
हाथ हो खाली तब भी···
ऐसा लिखा है बबुआ की माँ ने
अपने ही हाथों !

झट आ जाओ गाँव
न आओ तो मेरी कसम तुम्हें
यदि रत्ती-भर भी हो बेटा के लिए स्नेह
मत करना टाल-मटोल
हो जाओ विदा चिट्ठी पाते ही तुरंत
ऐसा लिखा है अपने ही हाथों बबुआ की माँ ने !

पारसाल भी चूता था पिछवारे
जानते ही हो रसोई का छप्पर
इस बार नहीं चलेगा
निकलवाकर सड़ा फूस छवाना ही पड़ेगा
बत्तियाँ पुरानी
बन्धन भी सड़ गए हैं
फैली थी लौकी की बेल
गोन्हू, कन्हाई, बौका, करिया सबके पाँवों तले
रौंदी गई है रात-दिन
फलती भी थी सचमुच कितना
खाए हैं टोले भर के लोग
दुद्धी लौकी
बतिया लौकी
सो इस बार
अति आवश्यक है घर छवाना—

ई लिखलन्हि अछि बउआक माय !
बउआ तकैत अछि बाट सदए
बाबू-बाबू करितँहि रहैत आछ ओ सदिखन
बिनु बीटहुँ ओ
चिट्ठीक खातिर
दरबज्जा दिस
ताक जाइत छइ डाकपीनकेँ अपनहिसँ
पबितँहि लिफाफ वा पोसकाट
दउड़ल अबैत अछि आङन दिस
देहरि लग
नाच लगैत अछि ओ हर्षें
हम्मल बाबू···हम्मल तिट्ठी
हम्मल तिट्ठी···हम्मल बाबू
जो नइ देबौक ··
हम्मल बाबू···
हम्मल तिट्ठी···
नाच' लगैत अछि ओ हर्षें
एह, धन्न, रहू
एतबे दिनमे
ओ कोना बिसरना गेल, एह !
ओकरा त ओहिना मोन छिअइ
ओ तँ तकैत अछि बाट सदए
बाबू-बाबू करितहिँ रहैत अछि ओ सादेखन
आ एहि साल
की मूड़न नहि करबइ ओकर ?
ई चैत थिकइ
जेठहिसँ चारिम चढ़ि जेतइ
तकबा क कोनो नीक दिन
नहि बेसी तँ
खाली पातड़िओ द दिएन्हि भगवत्तीकेँ
दूटा छागर छन्हि कबुला से ताबे रहौन्ह
तइओ त चाही एक गोट दसटकही हमरा तातकाल
मुदा अहाँ
नहि करी एहि सबथुक चिंता
देखल जयतइ
चिन्ता केने की हैत फल
चल आउ गाम
जँ हाथ होए खाली तइओ···

यह लिखा है बबुआ की माँ ने !
बबुआ देखता है राह सदा
बाबू-बाबू करता रहता है वह हरदम
बेदिन भी वह
चिट्ठी की खातिर
दरवाजे की तरफ
देखने जाता है डाकपिउन को खुद ही
पाते ही लिफाफ वा पोस्टकार्ड
भागा आता है आँगन को
देहरी के निकट
लगता है नाचने खुशी से—
मेले बाबू···मेली तिट्ठी
मेली तिट्ठी···मेले बाबू
ना दूँगा, जाओ
मेले बाबू···
मेली तिट्ठी···
नाचने लगता है खुशी से।
एह, धन्य हो जी !
इतने ही दिन में
कैसे बिसरा दिए उसे, एह !
उसको तो वैसे ही आप याद हैं
वह तो देखा करता राह सदा
बाबू-बाबू करता ही रहता है हरदम
और, इस साल
क्या मुंडन नहीं कराओगे उसका ?
यह चैत है
जठ से ही चढ़ जाएगा चौथा
दिखवाकर कोई शुभ दिन
नहीं ज्यादा तो
खीर ही केवल चाढ़ दें कुलदेवी को
मनौती के दो बकरे तब तक रहने दें
दस का नोट तो चाहिए ही फिर भी तत्काल
किंतु आप
नहीं करें इन सबकी चिंता
देखा जाएगा
चिंता करने से क्या मिलेगा फल
आ जाओ गाँव
हाथ रहे खाली तब भी···

ई लिखलन्हि अछि बउआक माय !
खेपब हम चरखा काटि, मुदा
नहि जाएब नइहर एहि बेर ओहि साल जकाँ
नहि कहा पठैबन्हि काकाकेँ
हम एहि बेरि ओहि साल जकाँ—
"गाड़ी ल क कनहा आबओ
सङे सङे बुच्चो अबथुन्ह
ल जाथु एतसँ ओ हमरा
छौँड़ाक देह सड़ि गेलइ अछि
नहि बचतइ ओकर जान आब
भुस्सो परजंत ने छइ घरमे
हम की करिअउ
काका बुच्चोकेँ पठा दियनु···"
नहि कहा पठैबन्हि से हुनका
हम एहि बेरि ओहि साल जकाँ
काटब चर्खा, काटब टकुरी
हम खेपि लेब अप्पन कहुना
जँ सैह अहाँकेँ होए बेश
हम वृत्त बनल छी अचार भूखेँ टटाय
नहि कहब किच्छु
हम अलट-बिलट नहि किछु बाजब
चल आउ गाम
जँ हाथ होऐ खाली तइओ
नहि आबी त हमरे सप्पत···
आबहु नहि आएब तँ अबस्स हम देब तार···

मोड़ल-माड़ल ओ मैल सनक
एहि पोस्टकार्डपर लिखलन्हि अछि
कौआक टाङ सन अच्छरमे
बउआक माय
अपनहि हाथेँ !

यह लिखा है बबुआ की माँ ने !
बसर कर लूंगी मैं चर्खा कातकर मगर
नहीं जाऊँगी नैहर इस बार उस साल की तरह
नहीं संवाद भेजूंगी काका को
इस बार मैं उस साल की तरह—
"कनहा को भेजो गाड़ी लेकर
साथ-साथ बुच्चो को भी
ले जाएँ यहाँ से वे मुझको
बदन सड़ गया है लड़के का
नहीं बच पाएगी अब जान उसकी
भूसी तक नहीं है घर में
करूँ क्या मैं
काका, बुच्चो को भेजो ··"
नहीं संवाद भेजूंगी यह उनको
इस बार मैं उस साल की तरह
कातूंगी चर्खा, कातूंगी तकली
गुजर कर लूंगी अपना किसी तरह
यदि यही आपको लगे भला
मैं आदतन भूखी रहकर, सूखकर हो गई हूँ अचार
नहीं कहूँगी अब कुछ भी
अनाप-शनाप नहीं बोलूंगी कुछ भी
आ जाओ गाँव
हाथ रहे खाली तब भी
न आओ तो मेरी कसम तुम्हें··
नहीं आओगे अब भी तो निश्चय दे दूंगी तार··

मुड़ा-मुड़ा ओ' मैला सा
इस पोस्टकार्ड पर लिखा है
कौए की टाँगनुमा अक्षर में
बबुए की माँ ने
अपने ही हाथों से !

बम्बई/अप्रैल, '45

ठीठर मामा

ठीठर पाठक
पितर पच्छमे गेल छलाह गयाजी
भागिन छलथिन्ह बी० ए० मे से
हुनेक आग्रह मानि
पटनामे दू दिन रहबालै भेला कहुना राजी
सोनमणि भवन, मैथिल होटल नामी अछि ओहि ठाम
मुदा ओत नहि ल सकैत छी इच्चो माछक नाम
की करता मैथिल बेचारे सौंसे पेटक लेल—
जीहि सँ तने रहथि राति-दिन आधा वैष्णव भेल !
जीबछ ठाकुर,
ठीठरक भागिन
ओहि होटलक ऊपर
रखने छलथिन्ह डेरा···

रतुका रहन्हि जगरना, तइसँ
ठीठर मामा
खा-पिबि रहला सूति
बाँकी छलइ कने दिन तक्खन जा क' टुटलन्हि निन्न
ऊठि पूठिकँ कैलन्हि कूरड़
जनउ चढ़ौलन्हि कान—
छर छर छर छर···
मोड़ीमे नहि कड़नीपरसँ लग्घी ओ क एला
रच्छ रहल, पछुआड़ छलइ, तेँ
नहि तँ खैतथि मारि
ठीठर मामा खइतथि सरिपहुँ मारि
के खइतए तक्खन रसगुल्ला पिन्टू होटल जाय ?
गोल-गोल ओ उज्जर उज्जर अतिशय शोभन
सरस स्वादु सुरमुनि मनमोहन
रसगुल्ला के खइतए ?
चुनब लगला जखन तमाकू, तइखन जीबछ आबि
कह लगलथिन्ह— चलू सिनेमा
मामा, बढ़ियाँ खेल एलइए
नाच गान ओ रागरंग एहन नहि देखने हएब
दढ़िभंगोमे देखि सकइ छी आब सिनेमा
मुदा ओहिठाँ एहेन बढ़िम्मा कत सँ अओतइ खेल ?
नहि मानब हम लइए जाएब, मामा देख लेल

ठीठर मामा

ठीठर पाठक
पितृ पक्ष में गए थे गया जी
बी० ए० में पढ़ता था भांजा, सो
मान उसका ही आग्रह
पटना में दो दिन रहने को हुए किसी तरह राजी
'सोनमणि भवन' मैथिलों का नामी होटल है वहाँ
मगर वहाँ नहीं ले सकते झींगी मछली तक का नाम
क्या करें मैथिल बेचारे, भर पेट के लिए
रात-दिन जी दाबे रहते हैं आधा वैष्णव बने !
जीवछ ठाकुर,
ठीठर का भांजा
उसी होटल के ऊपर
रखा था डेरा···

रात-भर के जगे थे, इसी से
ठीठर मामा
सो रहे खा-पीकर
शेष रहा जब थोड़ा-सा दिन, तब जाकर नींद खुली
उठकर किया कुल्ला
चढ़ा जनेऊ कान पर—
छर-छर-छर-छर···!
नाली में नहीं, वे मुंडेर पर से ही पेशाब कर आए
गनीमत रही पिछवाड़ा था, इसी से
नहीं तो खा जाते मार
ठीठर मामा खाते सचमुच मार
खाता कौन तब पिंटू होटल जाकर रसगुल्ले ?
गोल-गोल और उजले-उजले अतिशय शोभन
सरस स्वाद सुरमुनि मन भावन
कौन खाता रसगुल्ले ?
मलने लगे तम्बाकू जब, तभी जीवछ आकर
कहने लगा —सिनेमा चलिए
मामा, अच्छी तस्वीर लगी है
नाच-गान औ' राग-रंग ऐसा नहीं देखा होगा
अब तो सिनेमा देख सकते हैं दरभंगे में भी
लेकिन वहाँ ऐसी दमदार तस्वीर कहाँ से आएगी ?
नहीं मानूंगा मामा, देखने के लिए ले ही जाऊँगा

नौ आनाक सीट पर बैसल ठीठर बाबू
देखइ छलाह सिनेमा
भागिन रहथिन्ह संगहि
देखि देखिकँ अजगुत लगलन्हि···
कोना नचइए कोना गबइए एत्ते छौंड़ा-छौंड़ी
पर्दापर भ ठाढ़
कोना बजइए कोना झुकइए···
थुकरि तमाकू ठामहिँ,
पाँखुड़ पकड़ि पुछलथिन्ह ठीठर जीबछकें तत्काल
(फुसुर-फुसुर क)—
की हओ बाबू, कोना बनौने हैत ?
एहेन कल अङरेज बहादुर कोना बनौने हैत ?
पछुअति दिस छइ भूर कैल ताहीसँ अबइ इजोत
अगुअति दिस पर्दा छै टाङल
लगातार ताहीपर, बाबू
कौखन छाहरि कौखन पड़इ इजोत···
भागिन देलथिन्ह डाँटि—
देखू मामा, एखन रहू चुपचाप !
बेटासँ तकरार करइ छै बाप !
पुतहु लैत छै, देखियहु, कक्कर पच्छ ?
जे पूछक हो से सब डेरापर जाक पूछि लेब
फड़िछा फड़िछा बात बुझा हम देब !

पिन्टूमे जाइत जखन गेलाह,
चारि कचौड़ी चारि सिंघाड़ा दू-दू टा रसगुल्ला
तइपर पिउलन्हि चाह
आप्यायित भ श्री ठीठर पाठक पुनि बजलाह—
आब ने कहियो कहबइ, हओ, हम मग्गहकें अधलाह

जाय महेन्द्रू
देलथिन्ह टिकट कटा
सीढ़ीसँ भ हेट
तखन घाटपर दाहिना हाथें दुहु पएर छुबि
मामाजीकें गोड़ लागि कँ
कने काल धरि भागिन हुनका दिस छलथिन्ह तकैत—
जेटी पर भ ठाढ़···
दालि भात दू टा तरकारी—दूहू झिङुनिक !

नौ आने वाली सीट पर बैठे ठीठर बाबू
देख रहे थे सिनेमा
भांजा था साथ में ही
देख-देखकर लगा अजूबा···
कैसे नाच रहे हैं, कैसे गा रहे हैं, इतने छोकरे-छोकरियाँ
पर्दे पर हो खड़े
कैसे बोल रहे, कैसे बतिया रहे···
थूककर वहीं तम्बाकू
हिलाकर कंधा पूछा ठीठर ने जीवछ से तत्काल
(फुसफुसाकर)—
कहो, ओ बाबू, बनाया होगा कैसे ?
मशीन ऐसी अंग्रेज बहादुर ने बनाई होगी कैसे ?
छेद कर रखा है पीछे की तरफ और उससे ही आता है प्रकाश
आगे की तरफ टँगा है पर्दा
बाबू, उस पर ही लगातार
कभी छाया और कभी पड़ता प्रकाश···
डाँटा भांजे ने —
देखिए मामा, अभी रहिए चुपचाप !
बेटे से झगड़ रहा है बाप !
देखिये, बहू लेती है किसका पक्ष ?
जो पूछना हो, सारा डेरा पर जाकर पूछिएगा
सारी बात बता दूंगा मैं समझा-समझाकर !

जब पहुँचे पिंटू होटल में,
चार कचौड़ी, चार समोसे, दो-दो रसगुल्ले
उस पर से पी चाय
पूर्ण तृप्त हो श्री ठीठर पाठक फिर बोले—
सुनो, अब न कहूँगा मगह[1] को फिर कभी खराब

महेन्द्रू घाट पहुँच
कटा दिया टिकट
सीढ़ी से हो बगल
फिर दाहिने हाथ से छूकर दोनों पाँव
मामाजी को कर प्रणाम
कुछ देर तक रहा देखता भांजा उनकी ओर—
जेटी पर हो खड़ा···
दाल-भात दो सब्जी—दोनों तुरई की !

1. मगह = मगध।

(भुजबी सेहो झिङुनिक)
चटनी-पापड़
चारि फांक ओ आठ खंडमे सँ खंडो भरि नेबो !
नहिए कहिओ सेहो !
निश्चय दुक्खित पड़ि जाइ,
बाबू तोरा होटलमे जँ चारि-पांच दिन खाइ !
गून करत हओ बाबू
अइठाँ नइ तँ गाम जाय क ई पचएब मेरिचाइ···
ई बजैत श्री ठीठर पाठक चढ़ला जाए जहाज !

पटना/फरबरी, '46

(भुजिया में भी तुरई)
चटनी-पापड़
चार फांक नीबू के आठ टुकड़े, जिसमें से एक
वह भी नहीं कभी, तो
निश्चय बीमार पड़ जाएँ
बाबू, तुम्हारे होटल में यदि चार-पांच दिन खाएँ !
फायदा खूब करेगा बाबू
यहाँ नहीं तो, गाँव पहुँचकर पचाऊँगा यह मिर्च···
यह कहते श्री ठीठर पाठक जाकर चढ़े जहाज !

परमिटक साड़ी

कुड़ कुड़ कुड़ कुड़
क उठल दाँत तर जइतहि तिलकोड़ाक पात
तीसीक तेलमे स्वाद कोन !
गिड़ि लेल कोनहुना मोन मारि
गतिआक चालिपर गेल ध्यान
ओ तेलि थीक
पहिरए लागल अछि आइ काल्हि—
खधड़क अंगा, खधड़क टोपी
ओ नोन नुकाकेँ रखने अछि भनसाघरमे
दू-दू आनामे बेचइए दीआसलाइ
हनुमान चालीसा पाठ करइए साँझ-प्रात···
कुड़ कुड़ कुड़ कुड़ कुड़ कुड़ कुड़ कुड़
क' उठल दाँत तर जइतहि तिलकोड़ाक पात !

आगूमे बइसलि रहथि मुदा कनियाँ काकी—
बीअनि हुकैत;
कुट्टी-कुट्टी भ' गेलन्हि साड़ी हुनकर
बढ़ियाँ लगैत अछि हमरा कुम्हड़ौड़िक तीमन
परसन ल' ल' क' खाइत छी···
नहि ओहि दिन से खैल गेल···
हम दउड़ल दउड़ल गेल रही परमिटक लेल
परमा बाबुक दरबज्जापर

परमिट की साड़ी

कुड़ कुड़ कुड़ कुड़
कर उठे दाँत तले पड़ते ही तिलकोर के पत्ते
स्वाद क्या मिले तीसी तेल में !
निगल गया किसी तरह मन मारकर
ध्यान गया गतिया की चाल पर
तेली है वह
पहनने लगा है आजकल—
खद्दर का कुर्ता, खद्दर की टोपी
नमक दबा कर रखा है रसोईघर में
दो-दो आने में बेचता है दिआसलाई
हनुमान-चालीसा पाठ करता है सुबह-शाम···
कुड़ कुड़ कुड़ कुड़ कुड़ कुड़ कुड़ कुड़
कर उठे दांत तले पड़ते ही तिलकोर के पत्ते !

पर, सामने बैठी थी कनिया काकी
पंखे डुलाती
तार-तार हो गई है साड़ी उनकी
अच्छी लगती है मुझे रसदार 'कुम्हड़ौड़ी'
परोसा ले-लेकर खाता हूँ···
पर उस दिन नहीं खाया गया···
मैं भागा-भागा गया था परमिट के लिए
परमा बाबू के दालान पर

ओ गेल रहथि झंझारपुर	वे गये थे झंझारपुर
किछु काज छलन्हि	कुछ काम था
लइसेन्सबला मरबड़िआसँ	लाइसेंस वाले मारवाड़ी से
हम ओत्त' धरि	मैं वहाँ तक
हुनका पिठिओने गेल रही	उनका पीछा करता गया था
ओ बजला; अओजी, चउअन्नी बेहरी लागत···	वे बोले; सुनोजी, बतौर कमीशन चवन्नी देनी पड़ेगी···
परमिट चिट्टकेँ हथिअबैत	परमिट की चिट हथियाते
गाहकि दिस गहकी नजरि मारि	गाहक की ओर गहकी नजर मार
सूरजमल मरबाड़ी बाजल—	सूरजमल मारवाड़ी बोला—
बरहत्थी साड़ी एकमात्रटा बाँचल अछि,	बारहहत्थी साड़ी एक मात्र ही बची है
सेहो खोंचाह···	वह भी खोंचदार···
की अहाँ सभक आङनमे एहन वस्त्र छजत ?	क्या आप लोगों के घर में ऐसा छजेगा ?
हँ, भ' सकैत अछि, बहिकिरनीकेँ ददिऐक···	हाँ, हो सकता है नौकरानी को दे दें···
हे लिअ' तीनि टका लागत ।	यह लीजिए, तीन रुपये लगेंगे ।
रहि गेलहुँ गुम्म,	रह गया चुप,
की कहितिऐक ?	कहता क्या ?
बरहत्थी साड़ी अति अभद्र	बारहहत्थी साड़ी अति अभद्र
ने पाढ़ि नीक ने सूत नीक, खर खर करैत	न किनारी अच्छी, न सूत अच्छा, खर-खर करता
सेहो खोंचाह···	वह भी खोंचदार···
एहन विचित्र साड़ी कहुना देलिएन्हि आनि	ऐसी विचित्र साड़ी किसी तरह लाकर दी
देलन्हि ताहू पर आसिरवाद	उस पर भी दिया आशीर्वाद
कनियाँ काकी	टोकरी के टोकरी
ढाकिक ढाकी !	कनिया काकी ने !

पटना/अगस्त, '46

## कृत्तिका नक्षत्रमे	## कृत्तिका नक्षत्र में
कृत्तिका नक्षत्रमे शशि—	कृत्तिका नक्षत्र में शशि—
कोदरिकट्टा मेघसँ	कुदालकटे-से बादलों से
झगड़ा करैत छलाह	झगड़ रहे थे
हम रही टहलैत धानक आरिपर ओहि काल	मैं टहलता धनखेतों की मेड़ पर
हाथसँ छुबि देखलिअइ तँ	हाथ से छूकर देखा तो
स्वर्णकेशी सुंदरिक अलकावली सन बुझि पड़ल	स्वर्णकेशी सुंदरी की अलकावली-सी लगीं
आसिनक सिताहल सीस	क्वार की ओस भीगी बालियाँ
मोन हमरा पड़ल केसरि काशमीरक	याद हो आए मुझे केसर कश्मीर के

ओ, शिरीखक फूल
ओह, कोसक कोस धनहर बाध
हरिअरिक सागर जकाँ हिलकोर रहि रहि लैत
ताहिपर सँ अमृत किरणक मृदुल आभा छलइ
किछु छछलैत

हरितवसना शस्यलक्षितक अंचलोदितपत्रमे
कृत्तिका नक्षत्रमे ।

तरौनी/अक्टूबर, '46

वे शिरीष के फूल
अहा ! कोस के कोस धान के खेत—
हरियाली के सागर की तरह रह-रह हिलकोरे मारते
उस पर से अमृत किरण की मृदुल आभा
कुछ फिसलती-सी

हरितवसना शस्यलक्षित अंचलोदित पत्र में
कृत्तिका नक्षत्र में ।

हिमगिरिक उत्संगमे

हिमगिरिक उत्संगमे
देवदारुक बिपिन-मध्य घुरैत
पहुँचलहुँ अलकापुरी
देखल विरहिणिक अस्थि संचित भेल
उठल तामस मेघपर
पाबिओ कँ कालिदासक निष्कपट आशीष
आइधरि जे एहिठाँ नहि ऐल
भेल हमरो मोन जे पल्था लगाबी हमहु एहीठाम
आ' कि ताबहि प्रगट भेली
वियोगिनि तोँ
स्मृतिक धोखरल रंगमे
हिमगिरिक उत्संगमे !

प्रयाग/ '46

हिमगिरि के उत्संग में

हिमगिरि के उत्संग में
घूमता देवदारु के वन में
पहुँचा अलकापुरी
देखा संचित पड़ी विरहिणी की अस्थि
गुस्सा हो आया मेघ पर
प्राप्त कर भी कालिदास के निष्कपट आशीष
आज तक जो यहाँ पर आया नहीं
मेरे भी मन में हुआ, मैं भी यहीं पर आसन जमा दूँ
बस तभी, प्रकट हुईं
वियोगिनी तुम
स्मृति के धुले-धुले रंग में
हिमगिरि के उत्संग में !

भए गेल प्रात

हिम शुभ्र ओससँ धौत गात
भूपर उतरल नभसँ प्रभात
सिहकए लागल मलयानिल जे
खोलू केबाड़;
भए गेल प्रात
चों चों चों चों···

हो गया प्रात

हिम शुभ्र ओस से धौत गात
भू पर उतरा नभ से प्रभात
डोलने लगा मलयानिल—
खोलो किवाड़
हो गया प्रात
चें चें चें चें···

कए रहल मने बगड़ा-बगड़ी
खोतासँ बहरएबाक ब्योंत
भए गेल प्रात
टुटि गेल निन्न
तइओ देखू हम पड़ले छी
दए रहल मनो उठबाक नोँत
झांझनक फांकसँ हुलकि-हुलकिभोरुक इजोत !

सतलखा/ '46

चिड़ी-चुनमुनी करते जैसे
घोंसले छोड़ने को तत्पर
हो गया प्रात
खुल गई नींद
तब भी देखो मैं लेटा ही हूँ
मानो उठने को दे रही निमंत्रण
बाँस की झंझरी की फाँकों से झाँक-झाँककर प्रात-किरण !

ताड़क गाछ

विकट पातर मांझ
एसगरे अछि ठाढ़ ताड़क गाछ
स्वयं सौँसे तर्जनी बनि,
विधाताकेँ रहल अछि ललकारि
नहि उपस्थित करइ छन्हि ककरो बङोर लगाय
सब फूसि ओकरा हेतु !

जेठक रौद !
झमाझम बरसैत मूसलधार;
माघक ठार;
चैतक तस;
सब फूसि ओकरा हेतु !

लगाबथु ग केओ कतेको जोर
बाप पित्तीकेँ करथु ग सोर
मुदा रोइयाँ एकोटा ओकर
उपाड़ल नहि हेतन्हि ककरो बुतेँ !

प्रयाग/ '46

ताड़ का पेड़

विकट प्रांतर मध्य
अकेला खड़ा है ताड़ का पेड़
स्वयं में पूरी तर्जनी बना हुआ
विधाता को रहा ललकार
अपने सामने कुछ नहीं समझता किसी को
झूठ उसके लिए सारे !

जेठ की धूप !
झमाझम बरसता मूसलाधार
माघ का शीत
चैत का ताप
झूठ उसके लिए सारे !

भले कोई कितनी भी ताकत लगा लें
बाप-चाचों को बुला लें
मगर एक भी बाल उसका
उखाड़ा नहीं जाएगा किसी से !

द्वन्द्व

चिरप्रवासी व्यर्थं हम अनका उपर
करिअउ कथी लए कनेको अभिरोष ?
कथी लए अनका दिअउ हम दोष ?
के मेटाओत कपारक ई लिखलहा
जन्म भरि हम सहब जननी वियोगक परिताप
क्रूर नियतिक भयंकर अभिशाप
नहि बहराइ अछि जे गामसँ बोमियाय
धन्य थिक ओ व्यक्ति
घरहि लग क लैछ कोनो वृत्ति वा व्यवसाय
स्वजन-परिजन देआद-बाद समेत
जकर जिनगी होइत छैक गुदस्त
उगइ अछि जाहिठां तहीठां होइत अछि जे अस्त
ज्ञान छइ जकरा फराक-फराक
चन्द्र रवि ताराक···
चिड़इ चुनमुन्नीक···
चुट्टीक वा पिपड़ीक···
रूप गुण अनुसार जे आमक रखइ अछि नाम
धानक रखइ अछि नाम
जननि, तोहर प्राण, तोहर शक्ति
धन्य थिक ओ व्यक्ति !!

चिरप्रवासी हम तोहर सन्तान
दूरसँ भ ठाढ़ केवल क सकैत छिअहु किछु गुणगान
कोन लग्नें पएर राखल गंडकिक गंगाक हम एहि पार
बिसरि गेलहुँ
बागमती कमला बलानक—
तिलजुगा धेमुड़ाक—
रुद्ररूपा कौसिकिक ओ धार
बिसरि गेलहुँ माय बापक भ इ बहिनिक स्नेह
बिसरि गेलहुँ
कोन माटिक कोन पानिक थिक बनल ई देह !

वर्षपर दू वर्षपर जँ जाइ छी हम देस
चारि दिनधरि से लगइ अछि बेश
ताहिसँ बेशी ओम्हर रहनाइ
बुझि पड़इ अछि डांड़
बुझि पड़इ अछि सब प्रकारेँ हानि

द्वन्द्व

चिर प्रवासी व्यर्थ मैं क्यों करूँ
औरों पर तनिक भी अभिरोष ?
मढ़ूँ क्यों दूसरों पर दोष ?
कौन मिटाएगा यह भाग्य का लिखा
सहूँगा आजन्म जननी वियोग का परिताप
क्रूर नियति का भयंकर अभिशाप
जो निकल नहीं पड़ता तमक कर गाँव से
धन्य है वह व्यक्ति
कर लेता घर के पास ही व्यवसाय वा कोई वृत्ति
स्वजन-परिजन, कुल-कुटुम्ब समेत
जिसकी गुजर जाती जिंदगी समस्त
उगता जहाँ पर वहीं होता अस्त
ज्ञान है जिसे, अलग-अलग सभी का
तारा चंद्र रवि का
पक्षी पखेरुओं का
चींटियों वा पिपड़ियों का
रूप-गुण अनुसार जो अलग-अलग आम के रखता है नाम
धान के रखता है नाम
जननि, तेरा प्राण, तेरी शक्ति
धन्य है वह व्यक्ति !!

चिरप्रवासी मैं तेरी संतान
दूर से हो खड़ा कर सकता मात्र कुछ गुणगान
किस मुहूर्त में मैंने पाँव रखे गंडकी के, गंगा के इस पार
भूल गया
बागमती, कमला, बलान की—
तिलयुगा, धेमुड़ा की—
रुद्ररूपा कोशी की वह धार
भूल गया माँ-बाप भाई-बहन का स्नेह
भूल गया
किस माटी किस पानी की है बना यह देह !

वर्ष-दो वर्ष पर जो अपने देस जाता चला
चार दिन तो वह लगता भला
इससे अधिक दिन उधर रहना
मालूम पड़ता दंड सहना
मालूम पड़ता हर तरह से हानि

छिन्नमस्ता भगवती
थिकी ओ कुलदेवता···
हुनका करैत प्रणाम
छाड़ि क हम तरौनी सन गाम
चल अबइछी दूर, बहुतो दूर
रेलपर चढ़ि चल अबइछी बहुतो दूर

एम्हर अबितहिँ
सँगठित सन
बन्धुतामे परस्पर आबद्ध
रंग-बिरंगक लोक विविधाचार आर बिचार
नीक हमरा लगइ अछि ई आधुनिक संसार
रेल मोटर ट्राम ··
पोस्ट टेलीग्राम ··
जलधिपर जलयान
नील नभमे श्वेत पीत विमान···
प्रेस बिजली रेडियो ओ फिल्म
नीक हमरा लगइ अछि ई आधुनिक संसार
सड़लि घोड़ीबला ओ सकुरीक एक्का
नहि पड़इ अछि मोन
फेर ओहि देहातमे हम किअए जाएब
प्रयोजन अछि कोन
किन्तु···
किन्तु की हम बिसरि पाएब
तरौनी-सन गाम ?
गरड़हा-सन आम ?
दीदिक इनारक पानि—
अपना पोखरिक ओ ठुट्ठ पातर जाठि ?
हरिअरिक सागर जकाँ हिलोर रहि रहि लैत
धनहर बाध कोसक कोस
चौठचन्द्रक पिड़ुकिआ कोजागराक मखान
थलकमल ओ सिङरहारक फूल
देवउठान आर नबान
कलमखोड़ा कनकजीर सतरिआ कामोद···
परबापाँखि लछूमनभोग···
बिसरत कोना गमकैत मेहीँ धान
नहि देलनि भगबान अपना खेत ओ खरिहान
तइओ गामपर चल जाइ अछि यदि ध्यान
तँ से ककर थिक साध्य ?

छिन्नमस्ता भगवती
हैं कुलदेवता···
उन्हें करके प्रणाम
छोड़कर मैं तरौनी सा गाम
चला आता दूर, इतनी दूर
रेल पर चढ़, चला आता दूर, इतनी दूर

आते ही इधर
संगठित-सा
बंधुता में परस्पर आबद्ध
तरह-तरह के लोग विविधाचार और विचार
अच्छा लगता है मुझे यह आधुनिक संसार
रेल मोटर ट्राम···
पोस्ट टेलीग्राम ··
जलधि पर जलयान···
नील नभ में श्वेत पीत विमान···
प्रेस बिजली रेडियो और फिल्म ··
अच्छा लगता है मुझे यह आधुनिक संसार
सकरी का वह मरियल घोड़ी जुता एक्का
नहीं रहता याद
क्यों जाऊँ फिर उस देहात में,
है क्या प्रयोजन
किंतु ··
किंतु क्या मैं भूल पाऊँगा
तरौनी-सा गाम ?
'गरड़हा'-सा आम ?
'बुआ का कुआँ' का जल—
अपने तालाब के बीच खड़ा वह ठूंठ-पतला जाठ ?
हरियाली के सागर की तरह रह-रह हिलकोरे मारते—
धान के खेत कोस के कोस
चौठचंद्र की गुझिया, कोजागरा का मखान
थल-कमल और हर्रसिंगार के फूल
देवोत्थान और नवान्न
कलमखोड़ा, कनकजीर, सतरिया, कामोद ··
परबापाँख, लक्ष्मणभोग
भुला कैसे पाऊँगा खुशबूदार बारीक धान
दिया नहीं भगवान ने अपना खेत और खलिहान
फिर भी गाँव पर चला जाता है यदि ध्यान
तो यह किसका है साध्य ?

छला अपने मूर्ख
हमरा चारि अक्षर पढ़ा गेला बाप जे—
बौआ कमा कें लगा देता टाल···
बुढ़ारीमे बैसि कें हम खएब···
हीतक सङे सतरंज खूब खेलएब···
आहि ! रे कप्पार !
हमर नहि से हुनक कर्मक दोष
पढ़ि गूनिकें सन्तान लोकारण्यमे गेलन्हि जे भुतिआए
बुढ़ारीमे हकन्न जे कनलाह
मुइलाह जे अनका उपर द भार
बिन्दुओ भरि जलस तर्पण ने केओ केलकन्हि
हमर नहि से हुनक कर्मक दोष

करह जनु अपसोच
मुइलि बहिनिक मुइल भाइक
मुइल बापक मुइल माइक
करह जनु अपसोच
गाम दिशि घुरबाक जनु इच्छा करह तोँ
पूर्वपरिचित व्यक्ति किंवा वस्तुसभहिक हेतु—
करह जनु अपसोच
चलह आगू पथिक तो छाड़न सभहिकेँ छाड़ि
देखलहक अछि श्रोतकेँ घुरियाय पाछां हबैत ?
वन्य जीवन, ग्राम्य जीवन छाड़ि
आधिभौतिक शक्तिकेँ दासी बनओने जा रहल अछि
प्रगतिशील प्रबुद्ध मानव-नागरिक;
जन्मभरि तोँ गाम लए रहबह हकन्न कनैत ?
बुड़ित्वक ई मोह !
तोड़ि ताड़ि सलाइ
रगड़ि पाथरसँ आगि जँ करबाक होहु बहार

नलकेँ भङठाए जँ कोड़बाक होहु इनार
फोड़ि बिजुलिक बल्ब जँ पतलोक धधरासँ—
इजोतक काज लैबक होहु
होहु जँ पुनि रेलगाड़ीसँ अधिक बसहेक पीठ पसिन्न
देहाती बहुरुपिआक अभावमे यदि
सिनेमासँ होहु ई मन खिन्न
आधुनिक विज्ञानसँ यदि बाढ़ि तोरा
बुझि पड़हु एकादशी-माहात्म्य

खुद थे मूर्ख
मुझे चार आखर पढ़ा गए बाप कि—
बबुआ कमाकर लगा देगा ढेर···
मैं बुढ़ापे में बैठकर खाऊँगा···
यारों के साथ शतरंज खूब जमाऊँगा···
आह ! हाय रे भाग्य !
मेरा नहीं यह उनके कर्म का ही दोष
जो पढ़-लिखकर पूत खो गया लोकारण्य में
जो रोए बुढ़ापे में आठ-आठ आँसू
जो मरे दूसरों पर देकर भार
बूंद भर जल से भी किसी ने नहीं किया तर्पण
मेरा नहीं, यह उनके कर्म का ही दोष

करो मत अफसोस
मरी बहन के लिए, मरे भाइयों के लिए
मरे बाप के लिए, मरी माँ के लिए
करो मत अफसोस
गाँव की तरफ लौटने की इच्छा मत करो तुम
पूर्व परिचित व्यक्तियों अथवा वस्तुओं के निमित —
करो मत अफसोस
चलो आगे पथिक तुम नदी से कटी धाराओं को छोड़
देखा है नदी को पलटकर लौटते पीछे ?
वन्य जीवन, ग्राम्य जीवन छोड़
आधिभौतिक शक्ति को दासी बनाए बढ़ रहा है
प्रगतिशील प्रबुद्ध मानव-नागरिक;
जन्म भर तुम गाँव के लिए घुट-घुटकर रोते ही रहोगे ?
मूढ़त्व का यह मोह !
अब तोड़कर माचिस
रगड़ पत्थर यदि निकालनी हो आग

तोड़ नल को भी, खोदना हो जो कुआँ
फोड़ विद्युत बल्ब यदि पत्तों की लपट से—
रोशनी का काम लेना चाहते हो
यदि हो पुनः रेलगाड़ी से अधिक वृषभ की पीठ ही पसंद
देहाती बहुरूपियों के अभाव में यदि मन
हो सिनेमा से खिन्न
आधुनिक विज्ञान से बढ़कर तुम्हें यदि
मालूम पड़े एकादशी माहात्म्य

छपइ छइ अखबारमे जे किच्छु सबटा फूसि—
ई बुझि फाड़ि जँ 'मिथिला मिहिर'
आँचे पजारक होहु तोरा म'न
तखन जो घुरि जाह गामहि
जमाइनसँ नीककँ छौंकबाय खहह खूब पटुआ साग

खूब खैहह ओल ओ अरिकोंछ
सरिसो देल माछक झोर
काँचे जमीरी गारि
पिबिहह सतत दीदिक इनारक पानि
अबइ छहु जे किच्छु से सब बिसरि जैहह
आम जामु लताम कटहर सरिफ्फा केरा कि बड़हड़
लगबिहह भगवानकेँ ओ भगवतीकेँ भोग
एहिसँ यदि समय बाँचहु
से, गोलैसीमे लगबिहह
खेलैहह सतरंज चोपाड़—
अँखिगरक ई काज !
साँझकँ सब दिन जैहह महादेवक थान
बोतू जकाँ बोकिआए गाल बजाय बम् बम्—
साम्बशिवकेँ भक्तिभाव देखाए
घुरिहह टोल
अपने आ कि अनके दरवज्जापर बैसि
तमाकू चुनबैत हँकिहह गप्प···
क रहल अछि तरक्की धरि राज
ल रहल अछि मोल दशटा पँघ' वाइ जहाज···
ताहिमेसँ दुइटा
राजाबहादुर
खानगी रखताह
हड़ाही-मुड़ियाक बीचोबीच
लेनक दो-बगली
बड़काटा पाँतर पइड़ छइ
तही ठाँ बनतैक ओ मएदान
जाहि ठाँ रहतैक सुसतेतैक' वाइ जहाज···
लाट बनि गेला जमाहिरलाल—
सुनल से बुचुआक मातृक एहुसँ ओहि राति

एबा काल···

दरबज्जापर बैसि
खूब हँकिहह गप्प

छप रहे अखबार में जो कुछ, सारे झूठ—
समझ यह फाड़ यदि 'मिथिला मिहिर'
चूल्हा जलाना ही तुम चाहते हो
फिर तुम लौट जाओ गाँव ही
अजवाइन से अच्छी तरह छौंक-बघार खाना

खूब पटुआ-साग

खूब खाना जिमीकंद और अरिकंच
मछली का सरसों दिया झोल
कच्चा जम्बीरी नीबू निचोड़
पीते रहना हमेशा 'बुआ के कुआँ' का जल
जो कुछ भी सीखा सब भुला देना
आम, जामुन, अमरूद, कटहल, शरीफा, केला अथवा बड़हल
लगाते रहना भगवान और भगवती को भोग
समय इससे भी बचे यदि
उसे गुटबंदी में लगाना
खेलना शतरंज का चौपड़—
यह आँख-पाँखवालों का काम !
जाया करना महादेव-स्थान हर शाम
बकरे की बोली में बजाकर गाल कर बम् बम्
साम्वशिव को दिखाकर भक्ति भाव
लौटना टोले में
अपने या दूसरे के ही दालान पर बैठ
मलते हुए तम्बाकू हाँकते रहना गप्प···
'तरक्की कर तो रहा है राज
ले रहा है मोल दस बड़े हवाई जहाज
उनमें से दो रखेंगे
राजा बहादुर
खानगी
हड़ाही-मुड़िया के बीच-बीच
लाइन के दोनों बगल
बड़ा-सा प्रान्तर है जहाँ
बनेगा वहीं मैदान
जहाँ पर रहेगा, सुस्ताएगा हवाई जहाज···
लाट बन गए जवाहर लाल—
सुना यह बुचुआ की ननिहाल से आते समय

उस रात···'

दालान पर बैठ
खूब हाँकते रहना गप्प

नहि, नहि
से कि हमरा बुतें कहिओ हएत ? नहि, नहि !
बृद्धजन बिसुनाइ छथि,
बिसुनाथु
देखि आएल छी पुरनका ग्रामतंत्र टुटैत
समाजक संस्थानमे शत-शत दराड़ि फटैत ।
घुराएब की मूह पाछाँ दीस
से कि हमरा बुतें कहिओ हएत !
राड़ भए गेल आइ फूजल ऊक
गोआर-गोंढ़ि-अमात धानुख केओट केओ खएते ने
ककरो ऐंठ

डोम धोबि चमार नहि पबनौट लेब अओत
दुरदुरएबइ त उनटिक देत ओहो टोक
की करबैक
सकुरी, मधुबनी चल जएत
ओ बिना, अपनेलोकनिकें
काज आओत पुरनका बहिखत ने किछुओ आब
बलचनमा कि ललचनमा
हड़ाही जाए
उघइ अछि मोटा
पबइ अछि दुइ टाका रोज

तोड़ि कँ हरिसिंहदेवक डाँड़
काल्हि जँ बौआ बिआहथि मेम
महाश्वेता बहुरिआ
चनमाड़पर ओ आबि
बिहुँसि लगती गोसाउनिकें गोड़
तें अहाँ की छाड़ि कँ ई माटि
पड़ाएब चल जाएब मोरङ दीस ?

पटना/मई, '47

नहीं, नहीं
यह क्या मुझसे हो पाएगा कभी ? नहीं, नहीं !
नींद में बड़बड़ाते हैं वृद्धजन ।
बड़बड़ाएँ
देख आया हूँ टूटता हुआ पुराना ग्रामतंत्र
सामाजिक संस्थान में फटती हुई शत-शत दरार
मोड़ूँगा क्या मुँह पीछे की तरफ
यह क्या मुझसे हो पाएगा कभी ?
दलित हो गए आज खुली मशाल
ग्वाल-गोंढ़, अमात, धानुक, केओट खाएँगे नहीं
जूठन किसी का

नहीं आएँगे लेने पावती डोम-धोबी-चमार
दुत्कारने पर वे भी पलटकर देंगे जवाब
क्या कर लीजिएगा
चला जाएगा सकरी, मधुबनी
अरे यार, आप लोगों के
बँधुआ वाले पुराने बही-खाते अब नहीं देंगे काम
बलचनमा या ललचनमा
जाकर हड़ाही[1]
ढोता है मोटा
कमाता है दो रुपये रोज

तोड़कर हरिसिंह देव की कमर
कल यदि बबुआ ब्याह लाएँ मेम
बहू महाश्वेता
पहुँचकर घर, कुल-देवता के पास
विहुँसकर भगवती को करे प्रणाम
तो आप क्या छोड़कर यह भूमि
भागकर चले जाएँगे मोरंग की तरफ ?

1. दरभंगा।

ऋतु-सन्धि

चिर प्रतीक्षा कएल
बहुत ताकल बाट
जेठ बीतल
भेल नहि वर्षा
रहल नभ ओहिना खल्वाट
आइ थिक आषाढ़ बदि षष्ठी
उठल अछि खूब जोर बिहाड़ि
तकरा बाद
सघन कारी घन-घटासँ
भए रहल अछि व्याप्त ई आकाश
आइ वर्षा हएत सजनि, होइत अछि विश्वास
भए रहल छथि अवनि पुलकित, लैत छथि निश्वास
मुदा अपना देशमे तँ हएत वर्षा भेल
सरिपहुँ, एक नहि, कए बेर !
मुदित मनसँ लोक बेश गबैत हएत मलार
भरल होएत अबस्से भुतही बलानक धार
अपना पोखरिक ओ ठुट्ट-पातर जाठि डूबल हएत
जकर जोर अदृष्ट से अंडएल पोठी खएत
धान गम्हड़ी आँसु मड़ुआ मकई मूंग उड़ीद—
साम कौन जनेर
दूबि घास अनेर
की ने ई सभ लहलहाइछ
बीत भरि
दुइ बीत भरि
किंवा तहूसँ पैघ—
आँखि मुनि हम क रहल छी ध्यान
हरिअर बाध, हरिअर बोन···
कि लिखू हम एहि ठामक हाल
आगुएमे बहइ छथि भागीरथी
अछि सएह टा कल्याण
प्रबल गर्मिक तापसँ कहुना बचल अछि प्राण !
सजनि, नमरल घनघटाकेँ देखि
मोन होइछ, हमहु करिअइ—
कालिदासे जकाँ ओकरा सोर
के कहओ, नहि क सकै अछि ओ लिफाफक काज !
राति-दिन झरकी लगइ अछि

ऋतु-सन्धि

की चिर प्रतीक्षा
बहुत जोहा बाट
ज्येष्ठ बीता
हुई नहीं वर्षा
रह गया नभ यों ही खल्वाट
आज है आषाढ़ कृष्ण पक्ष की षष्ठी
उठा है जोरों का तूफान
उसके बाद
सघन काली घनघटा से
हो रहा व्याप्त यह आकाश
आज होगी सजनि वर्षा, हो रहा विश्वास
हो रही है अवनि पुलकित, ले रही नि:श्वास
किंतु देश में तो वर्षा हुई होगी
सचमुच एक नहीं कई बार
गा रहे होंगे मुदित मन लोग खूब मल्हार
भर ही गई होगी 'भुतही बलान' की धार
डूबी हुई होगी अपने पोखरे की वह ठूंठ पतली जाठ
प्रारब्ध में होगा जिसे वह खाएगा अंडेभरी पोठी मछलियाँ
धान गम्हड़ी और अँसुआ, मूंग, उड़द, मकई, मड़ुआ—
साम कौनी ज्वार
उग आई घास-दूब बेकार
क्या नहीं ये लहलहाती होंगी
एक-एक बीते की
दो-दो बीते की
अथवा उससे भी बड़ी—
आँख मुंदे कर रहा मैं ध्यान
हरे खेत, हरे वन-झाड़···
क्या लिखूँ मैं यहाँ का हाल
सामने ही बह रही भगीरथी
बस यही कल्याण
प्रबल गर्मी की जलन से किसी तरह बच रहे हैं प्राण !
सजनि, झुकी घन-घटा को देख
मन यही करता कि मैं भी
कालिदास की तरह उसे पुकारूँ
कौन कहे, वह कर नहीं सकता लिफाफे का काम
दिन रात जलती देह

आरि धूरक नहि कोनहुठाँ रेख
निरंतर आगूमहँक ई नग्न पाँतर देखि
दुखाइत अछि माथ
चसमा अवइ अछि नहि काज
(हरिअरका कि करिआ—ओह !)
मुदा हमरा हवैत अछि विश्वास
अहू ठाँ, सखि, आब मूसलधार बर्खा हएत
तखन नहि ई आँखि माथ दुखएत
भोरखन गंगा नहेबा काल
ठरल लागल पानि
बुझल तइखन,
हिमालयमे गलि रहल अछि बर्फ
भ रहल अछि ग्रीष्म आब समाप्त—
बर्खा प्राप्त···

प्रयाग/जून, '47

खेतों के मेड़ों के नहीं कहीं निशान
निरंतर सामने का यह नग्न प्रान्तर देख
सिर में हो रहा है दर्द
चश्मा भी नहीं आ रहा है काम
(हरा अथवा काला—उफ !)
लेकिन हो रहा विश्वास मुझको
सखि, यहाँ भी अब होगी मूसलाधार वर्षा
आँख और सिर में तब नहीं होगा दर्द
सुबह गंगा नहाते वक्त
लगा पानी सर्द
समझा तभी
हिमालय में गल रही है बर्फ
हो रहा है ग्रीष्म अब समाप्त—
बरखा प्राप्त···

वन्दना

हे तिरहुत, हे मिथिले, ललाम !
मम मातृभूमि, शत-शत प्रणाम !
तृण तरु शोभित धनधान्य भरित
अपरूपछटा, छवि स्निग्ध-हरित
गंगा तरंग चुम्बित चरणा
शिर शोभित हिमगिरि निर्झरणा
गंडकि गाबथि दहिना जहिना
कौसिकि नाचथि वामा तहिना
धेमुड़ा त्रियुगा जीवछ करेह
कमला बाग्मतिसँ सिक्त देह
अनुपम अद्भुत तव स्वर्णांचल
की की न फुलाए फड़ए प्रतिपल
जय पतिव्रता सीता भगवति
जय कर्मयोगरत जनक नृपति
जय जय गौतम, जय याज्ञवल्क्य
जय जय वात्स्यायन जय मंडन
जय जय वाचस्पति जय उदयन
गंगेश पक्षधर सन महान

वन्दना

हे तिरहुत, हे मिथिले, ललाम !
मम मातृभूमि, शतशत प्रणाम !
तृण तरु शोभित धन-धान्य भरित
अपरूप छटा, छवि स्निग्ध-हरित
गंगा तरंग चुम्बित चरणा
सिर शोभित हिमगिरि निर्झरणा
जैसे गाए गंडकी दाएँ
वैसे कोशी नाचे बाएँ
धेमुड़ा त्रियुगा जीवछ करेह
सिक्त बागमती-कमला से देह
अनुपम अद्भुत तव स्वर्णांचल
फूले क्या, क्या न फले प्रतिपल
जय पतिव्रता सीता भगवती
जय कर्मयोगरत जनक नृपति
जय-जय गौतम, जय याज्ञवल्क्य
जय-जय वात्स्यायन, जय मंडन
जय-जय वाचस्पति, जय उदयन
गंगेश पक्षधर-से महान

दार्शनिक छला', छथि विद्यमान
जगभर विश्रुत अछि ज्ञानदान
जय जय कविकोकिल विद्यापति
यश जनिक आइधरि सभ गाबथि
दशदिश विख्यापित गुणगरिमा
जय जय भारति जय जय लखिमा
जय जय जय हे मिथिला माता
जय लाख लाख मिथिलाक पुत्र
अपनहि हाथें हम सोझराएब
अपना देशक शासनक सूत्र
बाभन छत्री ओ भुमिहार
कायस्थ सूँड़ि ओ' रौनियार
कोइरी कुर्मी ओ' गोंढि-गोआर
धानुक अमात केओट मलाह
खतबे ततमा पासी चमार
बरही सोनार धोबि कमार
सैअद पठान मोमिन मीयाँ
जोलहा धुनिआँ कुजरा तुरुक
मुसहड़ दुसाध ओ डोम-नट्ट···
भल हो हिन्नू भल मुसलमान
मिथिलाक माटिपर बसनिहार
मिथिलाक अन्नसँ पुष्ट देह
मिथिलाक पानिसँ स्निग्ध कान्ति
सरिपहुँ सभ केओ मैथिले थीक
दुविधा कथीक संशय कथीक ?

ई देश-कोस ई बाध-बोन
ई चास-वास ई माटि-पानि
सभटा हमरे लोकनिक थीक
दुविधा कथीक संशय कथीक ?

जय जय हे मिथिला माता
सोनित बोकरए जँ जुअएल जोंक,
तँ सफल तोहर बर्छीक नोंक !

खएता ने अयाची आब साग !
ककरो खसतैक किएक पाग ?
केओ आब कथी लै मूर्ख रहत ?
केओ आब कथी लै कष्ट सहत
केओ किअए हएत भूखें तबाह ?

दार्शनिक थे, हैं विद्यमान
जगभर विश्रुत है ज्ञानदान
जय-जय कवि कोकिल विद्यापति
जिनके यश गाते सब सम्प्रति
दशदिश विख्यापित गुण-गरिमा
जय-जय भारति, जय-जय लखिमा
जय-जय-जय हे मिथिला माता
जय लाख-लाख मिथिला-सुपुत्र
हम अपने हाथों सुलझाएँगे
अपने स्वदेश का शासनिक सूत्र
ब्राह्मण क्षत्रिय औ' भूमिहार
कायस्थ, सूरी औ रौनियार
कोइरी-कुर्मी और गोंढ-ग्वाल
धानुक अमात केओट मलाह
खतवे ततमा पासी चमार
बढ़ई कमार धोबी सुनार
सैयद पठान मोमिन मुस्लिम
जुलहा धुनिया कुजड़ा तुरुक
मुसहर दुसाध नट और डोम
हिंदू हों या हों मुसलमान
जो बसते मिथिला की माटी पर
मिथिला के अन्न से पुष्ट देह
मिथिला के पानी से स्निग्ध कांति
है सत्य, सभी मैथिल ही हैं
दुविधा कैसी, संशय कैसा ?

यह देश-कोस भू-वन-उपवन
ये नगर-डगर, मिट्टी और जल
सब कुछ हम लोगों का ही है
दुविधा कैसी, संशय कैसा ?

जय-जय-जय हे मिथिला माता
करे रक्त का वमन अगर मोटे हो गए जोंक
तो तेरे बर्छे की सफल नोंक !

खाएँगे अब न अयाची साग-पात !
गिरेगी किसी की क्यों पगड़ी ?
कोई अब क्यों मूर्ख रहेगा ?
कोई अब क्यों कष्ट सहेगा ?
कोई क्यों होगा भूख से तबाह ?

केओ किअए हएत फिकरें बताह ?
नहि पड़ल रहत, भेटतैक काज !
सभ करत मौज, सभ करत राज !
पढ़ता गुनता करताह पास—
जूगल कामति, छीतन खबास
जे काजुल से भरि पेट खएत
ककरो नहि बड़का धोधि हएत
कहबओता अजुका महाराज
केवल कामेश्वरसिंह काल्हि
हमरालोकनि जे खाइत छी
खएताह ओहो से भात-दालि

अछि भेल कतेको युग पछाति
ई महादेश स्वाधीन आइ
दिल्ली पटना ओ दड़िभंगा
फहराइछ सभठाँ तिनरंगा
दुर्मद मानव म्रियमाण आइ
माटिक कण कण सप्राण आइ
नव तंत्र मंत्र चिन्ता धारा
नव सूर्य चन्द्र नवग्रह तारा
सब कथुक भेल अछि पुनर्जन्म
हे हरित भरित हे ललित भेस
हे छोट छीन सन हमर देश
हे मातृभूमि, शत-शत प्रणाम !!

कोई क्यों होगा पागल चिन्ता से ?
कोई बैठा नहीं रहेगा सब पाएँगे काम-काज
मौज करेंगे सभी, करेंगे सभी राज
होंगे पढ़ लिखकर पास
जुगल, कामत, छीतन खबास
जो कमाएगा पेट भर खाएगा
बड़ी तोंद नहीं होगी किसी की
आज के महाराज कल
केवल कामेश्वर सिंह कहाएँगे
हम लोग जो खाते हैं
वही दाल-भात वे भी खाएँगे

कितने युगों पश्चात् हुआ है
यह महादेश स्वाधीन आज
दिल्ली पटना औ' दरभंगा
हर जगह लहराता तिरंगा
दुर्मद मानव म्रियमाण आज
कण-कण मिट्टी सप्राण आज
नव तंत्र मंत्र चिन्ता धारा
नव सूर्य चंद्र नवग्रह तारा
है हुआ सभी का पुनर्जन्म
हे हरित भरित हे ललित वेश
हे मेरे छोटे से प्रदेश
हे मातृभूमि, शत-शत प्रणाम !!

पटना/15 अगस्त, '47

गाँधी

जय जय परमपिता हे गाँधी
जय जय जयति महा बलिदानी
ओह, अहाँक वियोग-व्यथामे
के नहि आइ कनइ अछि प्राणी
जा धरि रहता सूर्य-चन्द्रमा
जा धरि ग्रहगण, जा धरि तारा
जा धरि बहती गंगा-गंडकि
बाग्मति-कमला कोसिक धारा

गाँधी

जय जय परमपिता हे गाँधी
जय जय जयति महाबलिदानी
आह, आपकी वियोग व्यथा में
कौन आज नहीं रोता प्राणी
जब तक कायम सूर्य चंद्रमा
जब तक ग्रहगण तारे जब तक
कमला, कोशी, बाग्मती औ'
गंगा, गंडक बहती जब तक

जा धरि पृथिवी सागर जा धरि
जीवित रहब अहाँ तहिआ धरि
काए-बचनसँ अथवा मनसँ
हिंसा कएल न कोनो जीबक
कोटिक कोटि मनुक्खक हित लए
जिनगी अपन बिताओल गरीबक
दुख ककरो नहि देल कनेको
अपने विपत उठाओल अनेको
जिवितहिँ पसरल कीर्ति भुवन भरि
तेना बहाओल शांतिक सुरसुरि
जय जय राष्ट्रपिता हे गांधी
जय जय जयति महाबलिदानी
कमल थलकमल भेँट-कुमुदनी
सिङरहार गेना गुलावरी
इंद्रकमल ओ तीरा मधुरी
चम्पा बेली तथा चमेली
बंशीप्रेम दनुफ ओ जूही
सभ फूले थिक
ककरो सुरभि महा आह्लादक
केओ देखबहिटामे मनमोहक
ककरो रस बड़का औषध थिक
सभक प्रयोजन पड़ि जाइत छइ बेर कालमे
ककरो किऐ अनस्था करबइ
सभ फूले थिक
गाँथल रहओ सदक्षण सभटा एक तागमे
अहिना हिंदू मुसलमान सिख बौद्ध जैन ख्रिष्टान पारसी
रहओ एक भ
रहओ एक ठाँ
सभ मनुक्ख थिक
सभ एक्के थिक
देश आइ स्वाधीन भेल अछि सभक मेलसँ
सभक बुद्धिसँ
सभक यत्नसँ
सभक जोरसँ
सभक देह निर्माण भेल छइ
अही माँटिसँ अही पानिसँ अही अन्नसँ
सभक देह सप्राण भेल छइ
अही माँटिसँ अही पानिसँ अन्नसँ

जब तक पृथ्वी, सागर जब तक
जीवित आप रहेंगे तब तक
काय-वचन से अथवा मन से
हिंसा न की किसी जीव की
कोटि कोटि लोगों के हित में
जिंदगी बिताई खुद गरीब की
दिया जरा भी दुख न किसी को
उठा विपत्तियाँ आप अनेकों
कीर्ति जीते जी भुवन भर फैली ऐसी
शांति की सुरसरि बहायी तैसी
जय जय राष्ट्रपिता हे गांधी
जय जय जयति महाबलिदानी
कमल, थलकमल, भेंट, कुमुदिनी
हर्रसिंगार, गेंदा, गुलदाऊदी
इंद्रकमल औ' तीरा मधुरी
चम्पा बेली तथा चमेली
वंशी प्रेम दनुफ औ' जूही
हैं सभी फूल ही
किसी की सुरभि महा आह्लादक
कोई देखने भर को ही मोहक
किसी का रस महा औषधि है
प्रयोजन सभी के पड़ जाते अवसर आने पर
अनास्था क्यों करें किसी पर
हैं सभी फूल ही
हर समय सभी एक ही धागे में रहे गुंथे
इसी तरह हिंदू, मुसलमान, सिक्ख, बौद्ध, जैन, पारसी, इसाई
रहें एक हो
रहें एक जगह
हैं सभी मनुष्य ही
हैं सभी एक ही
देश आज स्वाधीन हुआ है सभी के मेल से
सभी की बुद्धि से
सभी के यत्न से
सभी की ताकत से
सभी के तन से रचे गए हैं
इसी मिट्टी से, इसी पानी से, इसी अन्न से
सभी के तन प्राणवान हुए हैं
इसी मिट्टी से, इसी पानी से, इसी अन्न से

एहि भूमिपर एहि देशपर सभक छैक अधिकार
अपनामे नहि करी अरे तकरार
ई सिखौल हे पिता अँही हमरालोकनिकें
कालनेमि थिक दुष्ट गोडसे देशभरिक थिक पाप
इतिहासक अभिशाप
क्षमा ने करतइ क्यों कहिओ ओकर महान अपराध
शूलवेध ईसाक
सुकरातक विषपान
ताहू सँ बढ़ि बुझि पड़ैछ
बापू अहाँक ई अति नृशंस प्राणांत
सुनि कें ई वृतांत—
के नहि कानल हएत ?
क्षुब्ध-क्रुद्ध भ दैत बधिककें गारि—
वृद्ध पितामह, के ने अहाँकेर तर्पण कएने हएत ?
मुक्त देशमाताक हाथ निज कम्पित हाथ धएल !
देल अपन बल
जन-जागरण-व्रत-उद्यापन कएल !!
जय जय परम पिता हे गांधी;
जय जय जयति महा बलिदानी !
ओह, अहाँक वियोग-व्यथामे
के नहि आइ कनइ अछि प्राणी

पटना/मार्च, '48

इस भूमि पर, इस देश पर सबका है अधिकार
अपने में मत करें, अरे तकरार
यह सिखाया, हे पिता आपने ही हम लोगों को
कालनेमि है दुष्ट गोडसे, देश भर का है पाप
इतिहास का है अभिशाप
क्षमा नहीं करेगा कोई कभी उसका महान अपराध
शूली ईसा की
सुकरात का विषपान
उससे भी बढ़कर लगता है
बापू आपका यह अति नृशंस प्राणांत
सुनकर यह वृत्तांत—
कौन नहीं रोया होगा ?
क्षुब्ध क्रुद्ध होकर देता गालियाँ बधिक को
वृद्ध पितामह, किसने नहीं किया होगा आपका तर्पण ?
मुक्त देशमाता का हाथ निज कम्पित कर में लिया !
दी अपनी बलि
जन-जागरण व्रत-उद्यापन किया !!
जय जय परम पिता हे गांधी,
जय जय जयति महाबलिदानी !
आह, आपकी वियोग व्यथा में
कौन आज नहीं रोता प्राणी

आसिन मासक राति इजोड़िआ

आसिन मासक राति इजोड़िआ
तिथि त्रयोदशी
झुलि झुलि गाबि रहल बटगमनी दोलङिक गम्हड़ा
बुढ़बा पिपरक ठूठ ठारिपर बैसल बैसल—
नीलकंठ कें कें करैत अछि
बितल दसहरा, ककरा छैक पुछारी ओक्कर आब
सभठाँ पोखरिमे फुलएल अछि भेंट कुमुदिनिक फूल
खाली हमरेटा भरिओलक अछि भदबा ओ दिक्शूल
प्रकृति ने मानथि पंडितलोकनिक कालविवेचन
रुचिगर बेश लगैअछि हमरा धनहा खेतक गैंची

क्वार की रात चाँदनी

क्वार की चाँदनी रात
तिथि त्रयोदशी
झूल-झूलकर गा रहा बटगमनी 'दोलंगी' का गम्हरा धान
बूढ़े पीपल की ठूंठ डाल पर बैठा-बैठा—
नीलकंठ करता है कैं-कैं
गया दशहरा कौन उसे पूछेगा अब
हर जगह पोखरे में फूले हैं भेंट कुमुदिनी के फूल
हम पर ही केवल चढ़ा हुआ है पंचक और दिक्शूल
प्रकृति नहीं मानती पंडितों के काल विवेचन
रुचिकर खूब लगती है मुझको धन-खेतों की गैंची-मछली

आरि आरि तँ बौआइत छी
डेढ़ पहर बिति गेल इजोड़िआ आसिन मासक

दरभंगा/अक्टूबर, '48

उसके ही लिए भटक रहा हूँ मेड़-मेड़
डेढ़ पहर बीत गई चाँदनी क्वार की

फागुनक इजोड़िआ टहाटही

बोझल गाड़ी
सूतल अधवयसू बहलमान
नाथल ओ मुठिया सिंहवला कैला बड़दक सुन्दर जोड़ी
जा रहल लीख धएने सोझहिँ
पकिआ सड़कक काते काते
टुन टुन टन टन टन टिलिङ टाङ···
क रहल निशीथक शांति भंग
मधुबनी दिशुक बोझल गाड़ी
भ भ चित-पट फैला फैला—
जूआक बाँहिपर तएर दुहू
दिनुका ठेही केँ पचा रहल
सूतल अधवयसू बहलमान
फागुनक इजोड़िआ टहाटही

सकुरी/फरवरी, '49

फागुन की चकचक चाँदनी

लदी गाड़ी
सोया अद्धंवयस्क गाड़ीवान
नथे मुठिया सींग वाले कैला बैलों की सुंदर जोड़ी
जा रही लीक धरे सीधे
पक्की सड़क के किनारे-किनारे
टुन टुन टन टन टन टिलिङ टाङ··
कर रही निशीथ की शांति भंग
मधुबनी तरफ की लदी गाड़ी
हो-होकर चित-पट फैला-फैलाकर—
जूए की दोनों बाँहों पर अपने दोनों पैर
पचा रहा दिन भर की थकान
सोया अद्धंवयस्क गाड़ीवान
फागुन की चकचक चाँदनी

युग धर्म

नहि मानइ अछि बात ओहिना अपनो बेटा-नाति
मास मास पर गहन लगइ अछि पल पल पर संकराँति
बदलि रहल अछि छन-छन दुनियाँ किछु नहि क्यो नहि थीर
भ गेलाह बाबा कपिलेश्वर आन्हर आर बहीर
सुनतहि नब नचारी बूढ़ाकेँ उठैत छन्हि खौँत
भरि-भरि ढाकी फाँकि जाइ छथि भाङक भनहि सुखौँत
शहर शहरमे फुजल सिनेमा, क्यो नहि सुनए पुरान
ककरो नहि चिंता छइ गे खोँझा उठता भगवान
कोना छजत पहिलुक ढाठीपर आजुक टटका रङ
अपन महिँस कुड़हड़िअहि नाथब, के ने कहत अबढंग

युग धर्म

अपने बेटे-नाती जैसे नहीं मानते बात
मास-मास पर लगता ग्रहण पल पल पर संक्रांत
बदल रही है हर क्षण दुनिया, कोई न कुछ भी थीर
हो गए बाबा कपिलेश्वर भी अंधे और बधिर
लगती आग बुढऊ को ज्योंही, सुनते नई नचारी
फाँके सूखी भाँग भले ही भरी टोकरी भारी
खुला सिनेमा शहर-शहर कोई ना सुने पुराण
चिंता नहीं किसी को कि फिर खीजेंगे भगवान
कैसे फबे पुराने ढंग पर आज के ताजे रंग
नाथें भैंस कुल्हाड़ी से तो कौन न कहे अवढंग

खुटिआ मिर्जइ नहि सोहाइ छइ पहिरए कोट-कमीज
बूढ़ि ने कहिअउ, कन्हुआकँ ताकत बेटा-भातीज
कोना बुझब जे पूर्वजलोकनि रहथि वेश बुधिआर
पढ़ुआ कका करब जँ, नहि हमरासँ बात-बिचार

प्रयाग/मई, '49

नहीं सुहाती छोटी मिरजई कोट-कमीज पहनेंगे
कहो न अल्हड़, पुत्र-भतीजे गुस्से से देखेंगे
कैसे समझूं पूर्वजगण थे बहुत बड़े होशियार
पढ़ुआ काका, गर न करेंगे मुझसे बात-विचार

जेठक विकट दुफरिआ

जेठक विकट दुफरिआ
छाहरि दुबकलि बड़क गाछतर
किछु बैसल, किछु ठाढ़े ठाढ़े
आँखि मूनि कँ
पाजु करइ अछि माल जाल सभ
चिड़इ चुनमुनी कत गेल, ने जानि
धिपल लगइ छइ ऊपर ऊपर पानि
बोमिआइत अछि अठगामा पाड़ा पोखरिमे
बकरिक नेड़ी भरि भरि घरमे
खेलारहल भुल्ला चरबहबा
दूनू दिश एसगरे सतघरा
जङलासँ सँसार देखइ छी
पड़ल पड़ल अप्पन खोन्हीमे
हमहुँ कहुना खेपि रहल छी जेठक बिकट दुफरिआ

तरौनी/जून, '49

विकट दुपहरी जेठ की

विकट दुपहरी जेठ की
छाया दुबकी बरगद के नीचे
कुछ बैठे कुछ खड़े-खड़े
आँखें मूंदें
ढोर-मवेशी कर रहे जुगाली
पांख-पखेरु कहां गए, क्या पता
तपा हुआ लगता पानी ऊपर-ऊपर
पोखर में हुंकार रहा अठगांवा भैंसा
बकरी की लेंड़ी भर-भरकर घर में
खेल रहा भुल्ला चरवाहा
दोनों तरफ से 'सतघरा' अकेले
देख रहा हूँ खिड़की से संसार
लेटा-लेटा अपनी मड़ई में
किसी तरह मैं भी काट रहा हूँ विकट दुपहरी जेठ की

देशदशाष्टक

पलरि गेल छन्हि नेतालोकनिक सूढ़
भ गेलाह जमाहिर धुत्थुर बूढ़
प्रभु पटेल छथि सर्वशक्ति-सम्पन्न
कनबथि तइओ चीनिक लेल हकन्न

बनिआ-लीडर-अफसर तीन त्रिमूर्ति
क रहला अछि अपन मनोरथ-पूर्ति

देशदशाष्टक

फैल गए हैं नेताओं के सूंढ़
बूढ़े जर्जर हो गए जवाहर
प्रभु पटेल हैं सर्वशक्ति सम्पन्न
तब भी कितने रुला रहे चीनी की खातिर

बनिए-लीडर-अफसर तीन त्रिमूर्ति
कर रहे हैं अपनी मनोरथ पूर्ति

अपना लए सभ, अनका हेतु बकोर
तइपर फाटन्हि रहि रहि कते बुकोर

बापुक भजन करइ छथि सांझ परात
टकुरी काटथि बइसल सड़कक कात
जपथि सदक्षण अष्टोतर—शत नाम
ईश्वर अल्ला रघुपति राघव राम

भाय-भातिजक साढ़ूक सारक लेल
अपनहि चढ़िकँ, तोड़थि झोंझका बेल
धन्न भाग जे चानि ने छँन्हि उघाड़
नहि तँ कोना पचबितथि सौंस पहाड़

श्री श्रीकृष्ण अनुग्रह होथु सहाय
जनिक गुणक कीर्तन नहि कएना जाय
हे जनकवि हठ अपन पुरनका छाड़ि
आबहुँ जाउ बनू ग बिसुन-बिलाड़ि

अपनहि हाथेँ देता पान मखान
पाएब थुल थुल देहक तउलल दान
सत्त ने कउखन बाजी बजबी झालि
भेटत सोनक गुल्ली चानिक टालि

छन्हि तिनरंगा घोघ, ताड़ सन देह
रुच्छ अलच्छा पएर, कतहु नहि नेह
महगिक बड़का खरड़ा नेने ठाढ़ि
की होएत स्वाधीन एहिसँ बाढ़ि

धन्न रहू हे भारतमाता, धन्न !
महगिक मारल लोक कनँछ हकन्न !
ढाकिक पास होए प्रस्ताव
तइओ बढ़ले जाइल सबथुक भाव

देशदशाष्टक जे पढ़थि मन लगाय नित प्रात
ओ पावथि पार्सल सदए, जगर्नाथजिक भात

काशी/नवम्बर, '49

अपने हित में सब करते हैं औरों के लिए झाँसा
रोते फटे कलेजा जैसे देने हेतु दिलासा

भजन करें बापू के साँझ सबेरे
तकली काटें बैठे सड़क किनारे
जपें सदा ही अष्टोत्तर शतनाम
ईश्वर अल्ला रघुपति राघव राम

भाई-भतीजे के साढ़ू के सालों के हित
काँटों से तोड़ें बेल पेड़ पर खुद ही चढ़ नित
भाग्य मनाएँ, खुला न था उनका जो मस्तक
वर्ना कैसे पचा वे पाते पूरा पर्वत

श्री श्रीकृष्ण अनुग्रह होवें सहाय
जिनके गुण का कीर्तन हो नहीं पाय
हे जनकवि हठ त्याग पुराने अब भी
बिशुन बिलाड़ बनो तुम अब भी

अपने ही हाथों देंगे मखान-पान
पाओगे स्थूल देह से तुलित दान
सच मत बोलो कभी, बजाओ झाल बजाओ
चाँदी का डंडा, सोने की गिल्ली पाओ

घूंघट तिनरंगा और ताड़-सी देह
रुक्ष अभागे पैर तनिक ना नेह
खड़ी बड़ी महँगाई की झाड़ू लेकर
होगी वह स्वाधीन कहो क्या इससे बढ़कर

धन्य धन्य हे धन्य रहो भारत माई
सिसक रहे हैं लोग रुलाती है महँगाई
पारित होते ढेर ढेर प्रस्ताव
फिर भी बढ़ते ही जाते सब कुछ के भाव

देशदशाष्टक जो पढ़े मन लगाय नित प्रात
पावे वह पार्सल सदा, जगन्नाथ के भात

परम सत्य

फूसि थिक संसार
फूसि धरती, फूसि थिक आकाश
फूसि थिक ई माटि
फूसि थिक ई पानि
हम, अहां, ओ, ई, भने क्यो होथु—
व्यक्ति मात्र थिकाह अगबे फूसि
सत्य की तँ शून्य
सत्य की तँ ब्रह्म,
सत्य की तँ घनानंद, अखंड, चित्, कूटस्थ,
— सैन्धवलवणसम नीरंध्र
सत्य की तँ जे ने देखल जाए
सत्य की तँ जकर गुण वर्णन न कएना जाए ··
बाप-पित्ती पितामह-मातामहक मुहसँ सुनल ई बात
जीवनक संग्राममे यदि आबि जइतए काज
तखन की छल !
तखन सरिपहुँ
हमहु बजितहुँ —
फूसि थिक संसार
फूसि धरती, फूसि थिक आकाश

जुनि पूछी, आइ-काल्हुक हाल
नहि अबइ छथि काज कोनो ब्रह्म
नहि अबइ अछि काज ई कुल गोत्र
शिखा-सूत्र त्रिपुंड चानन-ठोप
अबइ अछि किछु काज नहि ई पुरनका आटोप
फूसि सभटा थीक
थिक महाजंजाल
फूसि ब्रह्म-विष्णु दश दिक्पाल
फूसि श्रुति-स्मृति
फूसि शास्त्र-पुराण
फूसि व्रत-उपवास
फूसि थिक राजासभक इतिहास
सत्य की, तँ —
सत्य थिक ई माटि
सत्य थिक ई पानि
सत्य थिक संसार

परम सत्य

झूठ है संसार
झूठ धरती, झूठ है आकाश
झूठ यह मिट्टी
झूठ पानी
मैं, तुम, वह, यह भले कोई हो—
व्यक्ति मात्र ही बिलकुल झूठ
सत्य क्या तो शून्य
सत्य क्या तो ब्रह्म
सत्य क्या तो घनानंद, अखंड, चित्त, कूटस्थ,
—सैन्धवलवणसम नीरंध्र
सत्य क्या तो जो न देखा जा सके
सत्य क्या तो वर्णन किए न जा सकें जिनके गुणों के ··
बाप-चाचे, दादा और नाना के मुँह से सुनी यह बात
आ जाती कुछ काम यदि जीवन-समर में
क्या बात थी फिर !
तब सचमुच
मैं भी बोलता —
झूठ है संसार
झूठ धरती, झूठ है आकाश

पूछिए मत आज कल के हाल
आते नहीं काम कोई ब्रह्म
आता नहीं है काम यह कुल गोत्र
शिखा-सूत्र-त्रिपुंड, चन्दन और टीका
आते नहीं हैं काम कुछ ये आडम्बर पुराने
झूठ हैं सारे
है महाजंजाल
झूठ ब्रह्मा-विष्णु दश दिक्पाल
झूठ श्रुति-स्मृति
झूठ शास्त्र-पुराण
झूठ व्रत उपवास
झूठ है राजाओं के लिखित इतिहास
सत्य क्या, तो—
सत्य है मिट्टी
सत्य है पानी
सत्य है संसार

सत्य धरती, सत्य थिक आकाश
हम, अहाँ, ओ, ई, थिकहुँ सब गोटे बड़का सत्य
सत्य जीवन, सत्य थिक संघर्ष
सत्य आशा, सत्य थिक आयास
सत्य थिक निर्माण चेष्टा, सत्य थिक आवास
सत्य थिक ई देह
सत्य थिक ई बुद्धि
सत्य थिक ई धैर्य अओर विवेक
सत्य थिक ई मनोबल अ-विजेय
सत्य थिक ई बाँहि
सत्य थिक ई हाथ—
जे एकरे प्रतापेँ कमा लइ छी चारि कैँचा नित्त
नहि अबइ छथि काज हमरा चारि हाथबला ओ भगवान
नहि अबइ अछि काज वेद-पुरान
छाड़ि अप्पन काज
अनेरे हम किए हएब हरान ?
नहि कुकर्म करैत छी जे 'नरक' जाएब 'यम' पकड़ता कान
करा लइ अछि काज राच्छस जखन दश टाकाक
तखन दइ अछि दूइ टाका, ओह !
पच्छ ओकरे लइ छथिन भगवान
पैघ लोकक—धनिकहा सबहीक
हाथमे छन्हि राम-कृष्णक टीक
जे बजइ अछि फूसि तकरा डरेँ थर थर कपइ छथि हलुमान
घूस रोटक पाबि दुष्टक पीठ ठोकथि काल भैरब-सन
बिकट बलबान

सत्त थीक मनुक्ख
सत्त थीक समाङ
धिआ-पुता स्वजन-परिजन खेत ओ खरिहान
मकइ मड़ुआ साम-काओन आंसु-गम्हड़ी धान
माछ-मधु फल-मूल पान-मखान
एहिसँ की बाढ़ि होएत सत्य ?
जाहि भाखामे बजइ छी, सत्त थिक से बोल
आन बाणी थीक दूरक ढोल
सत्य ई जे बाप-माइक बीचसँ धिआ-पुता
ताहिसँ पुनि पौत्र-पौत्री नाति-नतिनी आदि
बंशबृक्षवितान
नित्य नूतन बस्तु सबहिक सदक्षण संधान
स्थिति-स्थापकताक पूर्ति संघर्ष

सत्य धरती, सत्य है आकाश
मैं, तुम, वह, यह—हैं सब जन महासत्य
सत्य जीवन सत्य है संघर्ष
सत्य आशा सत्य है आयास
सत्य है निर्माण चेष्टा सत्य है आवास
सत्य है यह देह
सत्य है यह बुद्धि
सत्य है यह धैर्य और विवेक
सत्य है यह मनोबल अ-विजेय
सत्य है यह बाँह
सत्य है यह हाथ
कि इसकी ही कृपा से कमा लेता हूँ चार पैसे रोज
नहीं आते काम मुझको चार हाथ वाले वे भगवान
नहीं आते काम वेद-पुराण
छोड़ अपना काम
क्यों होऊँ व्यर्थ मैं हैरान ?
नहीं करता कुकर्म कि 'नरक' जाऊँगा 'यम' धरेंगे कान
करा लेता है राक्षस जब दस रुपयों के बराबर काम
तब धरा देता दो रुपये बस, ओह !
उसका ही पक्ष लेते रहे भगवान
बड़े लोगों के—धनियों के ही
हाथ में है राम-कृष्ण की शिखा भी
बोलते जो झूठ उनके ही डर से थर-थर काँपते हनुमान
मीठे टिक्करों की घूस पा, पीठ ठोकें दुष्ट की काल-भैरव-से
विकट बलवान

सत्य है मनुष्य
सत्य अपने लोग
बाल-बच्चे, स्वजन-परिजन, खेत औ' खलिहान
मकई मड़ुआ साम कौनी आँसु-गम्हरी धान
मत्स्य-मधु, फल-फूल, पान-मखान
इससे बढ़कर क्या कुछ होगा सत्य ?
जिस भाषा में बोलते हैं सत्य है वह बोल
वाणी दूसरों की दूर का है ढोल
सत्य यह कि बाप-माँ से बेटे-बेटियाँ,
उनसे पुनः पोते-पोतियाँ, नाती-नतनियाँ आदि
वंशवृक्ष वितान
नित्य नूतन वस्तुओं का हर समय संधान
स्थिति-स्थापकता की पूर्ति और संघर्ष

फेर परिवर्तन
पुनः निर्माण
स्थितिक स्थापन फेर
तखन पुनि गति-रोध
तखन पुनि संघर्ष···
एहि क्रमसँ निरंतर परिवर्तमान प्रगतिशील समाज
जहिना, ज्वैल बँसबिट्टीक दमगर ओधिमेसँ
फेर कोपड़
फेर पोरगर बाँस
फेर बाँसक झमटगरहा झोंझ···
सत्य ई क्षय वृद्धिकेर व्यवहार
सत्य ई संसार
चिंतनाक प्रवाहमे भसिआए
पुरखा लोकनि प्रायः
खसि पड़ल छलाह
जाहि सीमाहीन सागर-माँझ
('नेति-नेति' क बिकट मोनिक मध्य)
खसू ग की तहीमे हमरोलोकनि ?
आधिभौतिक उपद्रवसौँ खिन्न,
प्रकृतिकेर रहस्य सँ संत्रस्त,
आदि मानव देखि लेलनि भीड़ जँ दिबड़ाक
आ' कि पीपर-पाकड़िक वा आम-जामुक गाछ
स्तुति कर लगलाह तइखन, तकर पट द,
ऋचा निर्मित भेल
मानि लेलहुँ,
ताहि युगमे सएह छल हो सत्य
किंतु तँ की आइ
दिवाड़क ओ भीड़
पीपर-पाकड़िक ओ गाछ
हमरालोकनिक कोनो वेगर्ता
करत कउखन शांत ?
वा बरदान कोनो देत ?
पिठारक घोड़कलस, दूधक धार —
व्यर्थ थिक, बेकार !
आइ काल्हुक मनुक्खक क्षमताक आगाँ
मानि लेलन्हि देवता-गण हारि
आब एटम बमक आगाँ भ' गेलन्हि अछि
भोथ चामुंडाक ओतरु आरि

फिर परिवर्तन
पुन. निर्माण
स्थिति की पुनः स्थापना
और फिर गतिरोध
और फिर संघर्ष
इसी क्रम से निरन्तर परिवर्तनमान प्रगतिशील समाज
जैसे पके बाँसों की ताकतवर जड़ों से
पुनः कोंपल
पुनः पोर वाले बाँस
पुनः बाँस के फैले घने जंगल···
सत्य यह क्षय-वृद्धि का व्यवहार
सत्य यह संसार
चिंतन के प्रवाह में बह
अक्सर ही पुरखे
गिर जाया करते थे
जिस सीमाहीन सागर-बीच
('नेति-नेति' के विकट गड्ढे मध्य)
हम भी क्या उसी में गिरें जाकर
आधिभौतिक उपद्रव से खिन्न,
प्रकृति के रहस्य से संत्रस्त
आदि मानव ने जो देख लिया दीमकों का टीला
किंवा पीपल-पाकड़ या आम-जामुन के वृक्ष
स्तुति करने लगे तत्क्षण तुरंत उसकी
ऋचाएँ निर्मित हुईं
चलो ! मान लिया,
उस युग में वही रहा हो सत्य
किंतु आज भी क्या
दीमकों का वह टीला
पीपल-पाकड़ के वे वृक्ष
हमारी कोई भी जरूरत
करेंगे कभी पूरी ?
या देंगे कोई वरदान ?
पीठार से बने अश्व-कलश, दूध की धार—
व्यर्थ है, बेकार !
आज के मनुष्य की क्षमता के सामने
मान ली देवताओं ने हार
एटम बम के आगे अब हो गई है
भोथरी चामुंडा की वह तलवार

ताहि दिन छल एक पुष्पक
आइ नभमे विविध वर्ग विमान लाखक लाख
उड़ि रहल अछि शानसँ दिन राति
तरहथीक अओरा जकाँ सम्पूर्ण ई संसार
आब सबहक नजरि पर अछि साफ
आइ नहि तँ, काल्हि हिमगिरि मानतहि हारि
महोदय स्वाधीन ओ सम्बुद्ध—
सर्व साधारण मनुक्खक लेल
की रहत अज्ञेय
के रहत अ-विजेय

धन्य हे श्रमशील मानव—विश्वभरिमे व्याप्त
धन्य तोहर जाति !
नरक केँ सुरपुर बनएबाक लेल
सदच्छन तोँ रहइ छह अपस्यांत
एक दिशसँ तोड़ि रहला राशसक तोँ दाँत
सम्मिलित स्वेच्छा प्रणोदित जयति जय जन शक्ति !
हृदयमे अछि एक केवल तोहरेटा भक्ति
आन देवी-देवता दिश नहि नवइ अछि माथ
आइ नहि तँ काल्हि दानवदलक करबह अबस्से उच्छेद
कृषक श्रमिकक जीवनो केँ बनबिहह पुनिवेद
लैत प्राचीनक सगुण सद्ज्ञान
लोक हितमे लगबिहह अपना युगक विज्ञान
क्यो ने रहते अकिंचन, सभ हएत लक्ष्मीवान
सबहि कर्मठ सबहि भोगी हएत सभ विद्वान
एहि धरतीक ओहि स्वर्गक दिव्य सुख जँ हम कदाचित्
भोगि नहि पओलहुँ तखन भोगत हमर संतान
आइए हम मुक्त कंठेँ करइछी जनताक तँ जय-गान

जयति जनता-जनार्दन भगवान
कविक बाणी करओ दीपित आलसीहुक हृदयमे अभिमान
विजयिनी जनवाहिनी-सङसँ मिलितमे करओ ओहो—
ओहिना अभियान

सत्य थिक संसार
सत्य थिक मानवसमाजक क्रमिक उन्नति—
क्रमिक बृद्धि-विकास
सत्य थिक संघर्षरत जनताक ई इतिहास

उन दिनों था एक पुष्पक
आज नभ में विविध वर्ग विमान लाखों लाख
उड़ रहे हैं शान से दिन-रात
हस्तामलकवत् सम्पूर्ण यह संसार
अब सभी की नजर पर है साफ
आज नहीं तो कल हिमालय भी मान लेंगे हार
महोदय, स्वाधीन और सम्बुद्ध—
सर्वसाधारण जन के लिए
रहेगा क्या अज्ञेय
रहेगा क्या अ-विजेय

धन्य हे श्रमशील मानव—विश्व-भर में व्याप्त
धन्य तेरी जाति !
नरक को सुरपुर बनाने के लिए
रहा करते हर घड़ी बेचैन
एक तरफ से तोड़ते जा रहे हो राक्षस के दाँत
सम्मिलित स्वेच्छा-प्रणोदित जयति जय जनशक्ति
हृदय में है एक केवल तुम्हारी ही भक्ति
अन्य देवी-देवताओं की ओर झुकता नहीं सिर
आज नहीं तो कल दानव-दल का करोगे अवश्य ही उच्छेद
किसानों-मजदूरों के जीवन को भी बनाना फिर वेद
लेते हुए प्राचीन का सगुण-सद्ज्ञान
लगाना लोक हित में अपना सामयिक विज्ञान
रहेगा न कोई अकिंचन होंगे सभी लक्ष्मीवान
सभी कर्मठ, सभी भोगी होंगे सभी विद्वान
इस धरा के उस स्वर्ग के दिव्य सुख को जो हम कदाचित
नहीं पाएँ भोग, भोगेंगे हमारी संतान
इसीलिए आज ही जनता का मुक्त स्वर से मैं कर रहा
जय-गान

जयति जनता-जनार्दन भगवान
वाणी कवि करे दीपित, काहिलों के भी हिय-अभिमान
विजयिनी जनवाहिनी साथ मिलकर करें वे भी—
उसी तरह अभियान

सत्य है संसार
सत्य मानव समाज की क्रमिक उन्नति
क्रमिक वृद्धि-विकास
सत्य है संघर्षरत जनता का यह इतिहास

सत्य धरती, सत्य थिक आकाश
परम सत्य मनुक्ख अपनहि थीक

काशी/नवम्बर, '49

सत्य धरती, सत्य है आकाश
परम सत्य स्वयं ही है मनुष्य

गोठबिछनी

बीछि रहल छें बन गोइठा तों
घूमि घामि कएँ बाध-बोनमे
पथिआ नेने भेल फिरइ छें
तिनू खूट, चारिओ कोनमे

मैल पुरान पचहथ्थी नूआ
सेहो फाटल चेफड़ी लागल
देहक रङ जमुनिआ, तइपर
मुँह माइक गोटीसँ दागल

बगड़ा जेना लगाबए खोंता
तेहने रूच्छ केस छउ तोड़र
दू छर हारी मात्र गरांमे
केहेन विचित्र भेस छउ तोहर

माघक ठार, रौद बइसाखक
तोरा लेखे बड़नी' धन सन
दीन बालिके अजगुत लागए
केहेन कठिन छउ तोहर जीबन

कने ठाढ़ि हो, सुन कहने जो
नाम की थिकउ, कतए रहइ छें
बीतभरिक भए कोन बेगर्तें
एते कष्ट आ दुक्ख सहइ छें

पटना

उपले बीननेवाली

जंगल के उपले चुनती हो
घूम घामकर वीराने में
लिये टोकरी भटक रही हो
तीनों तरफ चारों कोने में

सड़ी-गली पचहत्थी साड़ी
फटा हुआ पैबंद भी उस पर
तन का रंग जमुनिया जिस पर
दाग पड़ा चेचक का मुँह पर

घोंसला बनाए चिड़ी जिस तरह
वैसा तेरा रुक्ष केश है
मात्र लड़ी दो पड़ी गले में
कैसा तेरा अजब वेश है

बैसाखी धूप, माघ का पाला
तेरे हित जैसा का तैसा
दीन बालिके, विस्मित हूँ मैं
कठिन तुम्हारा जीवन कैसा

जरा रुको, सुन कहती जाओ
अपना नाम, कहाँ रहती हो
बीते-भर की हो, फिर क्योंकर
इतने कष्ट बिपत सहती हो

पत्रहीन नग्न गाछ

नान्हि नान्हि टा फूल

नान्हि नान्हि टा फूल
उज्जर उज्जर फूल
लाल लाल डंटीवला फूल
सिङरहारक फूल
आसिनक निशाशेष
नबकी पोखरिक दुबिआही भीड़
भए रहल धन्य फूलक पथारसँऽ
कए रहल गम गम गम
वायुमंडल चारू दिशुका
इएह थीक पारिजात ?
इएह थीक हरिसिङार ?
रोपि गेल छथि एक्के पाँती मे
सात टा सिङरहारक गाछ
अपन इष्ट देवताक प्रीत्यर्थ
कोनो पुण्यवान् व्यक्ति
के रहथि ओ महानुभाव ?
की छल हेतइन हुनक नाम ?
हृदयानन्द प्रतिहस्त !
तृप्तिनारायण मल्लिक !
प्राणमोहन पाठक !
शुभंकर लाभ !
की छल हेतइन हुनक नाम ?
माए अथवा मातामहीक खुनवाओल
हेतइन ई नबकी पोखरि
किंवा मोसम्मात सासुक खुनवाओल होइन
से बेश·· से बेश···
ककरो खुनवाओल होउक ई पोखरि
किच्छु रहल होइन हुनक नाम !
जे लगा गेल छथि एक्के पाँतीमे

नन्हे नन्हे फूल

नन्हे नन्हे फूल
उजले उजले फूल
लाल लाल डंठलों वाले फूल
हर्सिगार के फूल
आश्विन का निशाशेष
'नया पोखरा' का दूबभरा भिंडा
हो रहा कृतार्थ फूलों की ढेर से
कर रहा मह मह मह
वायुमंडल चारों दिशाओं का
यही है पारिजात ?
यही है शेफालिका ?
लगा गए हैं एक ही पांत में
सात सात हर्सिगार के पौधे
अपने इष्टदेव के प्रीत्यर्थ
कोई पुण्यवान व्यक्ति
कौन थे वे महानुभाव ?
क्या रहा होगा उनका नाम ?
हृदयानन्द प्रतिहस्त !
तृप्तिनारायण मल्लिक !
प्राणमोहन पाठक !
शुभंकर लाभ !
क्या रहा होगा उनका नाम ?
माँ अथवा नानी का खुदवाया
होगा यह 'नया पोखरा'
किंवा मोसम्मात सास का खुदवाया हो
ठीक है··· ठीक है···
किसका भी खुदवाया हो यह पोखरा
कुछ भी रहा हो उनका नाम !
जो लगा गए हैं एक ही पांत में

सात टा सिङरहारक ई नबगछुली
हुनकहि नामेँ बीछब हम दू आँजुर फूल
नान्हि नान्हि टा फूल
लाल लाल डंटीवला फूल

सात सात हरसिंगार के ये नन्हे पौधे
उनके ही नाम चुनूँगा मैं दो अँजुरी फूल
नन्हे नन्हे फूल
लाल लाल डंठलों वाले फूल

भोरे-भोर

भोरे-भोर
आएल छी बूलि
दुबिआही लॉनमेँ
भोरे-भोर
आएल छी धाङि
पथार मोतीक
भोरे-भोर
क' आएल छी अनुभव
पुलकित होइत छइ रोम रोम
स्पर्शक प्रतापेँ कोना कोना
भोरे-भोर
पैरक दुहू तरबाक ग'ह ग'ह द'ने
आएल छी पीबि
माघी आकाशक हेमाल ओस
भोरे-भोर
आएल छी बूलि
दुबिआही लॉनमेँ

सुबह ही सुबह

सुबह ही सुबह
आया हूँ टहल
दूबभरी लॉन से
सुबह ही सुबह
धाँग आया हूँ
मोतियों का अम्बार
सुबह ही सुबह
बटोर लाया हूँ अनुभव
पुलक रहे हैं रोम रोम
स्पर्श के प्रभाव से किस तरह
सुबह ही सुबह
पैरों के दोनों तलवों के छिद्रों होकर
पी आया हूँ
माघ के आकाश की हिमानी ओस
सुबह ही सुबह
आया हूँ टहल
दूबभरी लॉन से

बाँसक छाहरि

केहेन बिखाह होइत अछि
बाँसक छाहरि
केहेन झरकाह होइत अछि
बाँसक छाहरि
एकोटा घास किए जनमत
बँसबिट्टीक छायातर
कोनो टा अंकुर—
कथू टा बीजक उद्भिद

बाँस की छाँव

कैसी विषैली होती है
बाँस की छाँव
कैसी जलानेवाली होती है
बाँस की छाँव
एक भी घास क्यों जमे
बाँस की जड़ों की छाया तले
कोई भी अंकुर—
किसी बीज का उद्भिद

किंवा गुल्मग्रंथिक पे पी
कहिओ किए देखबा मे आओत
बँसबिट्टीक छायातर…
केहेन दूरदर्शी रहथि हमर पितामह
बुद्धि छलइन कते मे ही
आरिसँ सटाकँ कइएक ठाम
लगा गेल छथिन बँसबिट्टी
ने जानि ककर खेत काते काते
कनैत छइ हकन्न, सुनैत छइ गारि-फज्झति !

किंवा गुल्म-ग्रंथियों की कोंपल
कभी क्यों देखने में आए
बांस की जड़ों की छाया तले…
कैसे दूरदर्शी थे मेरे दादा
कितनी महीन थी बुद्धि
आड़ से लगाकर कई जगह
लगा गए हैं बांस की जड़ें
पता नहीं किनके खेत किनारे किनारे
रो रहे हैं बेशुमार, सुन रहे गाली-फजीहत !

सुखैल टटैल एकटा बेङ

सुखैल टटैल एकटा बेङ
दराड़ि सँ आएल ऊपर
रहि गेल तकैत आकाश दिश
पसरल छलइ लग-पासमे
शुष्क-नीरस क्षत-विक्षत भूमि
शून्यप्राय प्रांतर, सहस्रधा विदीर्ण
वातावरण बइशक्खा, दारुण निर्लिप्त
सूर्य क मध्याह्नोत्तर प्रखर ताप—
खंड मेघक क्षणिक अभिसारें एक रत्ती स्निग्ध ··
सुखैल टटैल एकटा बेङ
तकइ छल निरन्तर आकाश दिश
भेटल होइक कदाचित् ओकरा
पूर्व सूचना असामयिक वृष्टिक
महाराज इन्द्र कएने हेथिन टेलीपैथी…
किंबदन्तीक मोताबिक—
बेङे टा जनइए मेघक भाखा…
आइ अथवा कालिह अथवा परसू
हेबेटा करत वृष्टिपात…
कृशकाय ई दर्दुर बेचारे
ने जानि कती काल धरि
रहताह तकैत आकाश दिश !
अहेतुक नहि थीक हिनक ई त्राटक
हेबेटा करत वृष्टिपात
आइ अथवा कालिह अथवा परसू

सूखा मरियल एक मेढक

सूखा मरियल एक मेढक
दरार से ऊपर आया
देखता रह गया आकाश की ओर
फैली थी पास-पड़ोस में
शुष्क-नीरस क्षत-विक्षत भूमि
शून्यप्राय प्रांतर, सहस्रधा विदीर्ण
वैशाख का वातावरण, दारुण निर्लिप्त,
सूर्य का मध्याह्नोत्तर प्रखरताप—
खंड मेघ के क्षणिक अभिसार से रत्तीभर स्निग्ध…
सूखा मरियल एक मेढक
देखता था निरंतर आकाश की ओर
मिली हो उसे कदाचित
पूर्व सूचना असामयिक वृष्टि की
महाराज इंद्र ने की हो टेलीपैथी
किंवदन्ती के मुताबिक—
मेढक ही जानता है मेघ की भाषा…
आज अथवा कल अथवा परसों
होगा ही वृष्टिपात…
कृशकाय ये दादुर बेचारे
पता नहीं कितने समय तक
देखते रहेंगे आकाश की ओर !
अकारण नहीं है इनका यह त्राटक
होगा ही वृष्टिपात
आज अथवा कल अथवा परसों

हे निरभ्र आकाश !

हे निरभ्र आकाश !
हे धूसर आकाश !
हे भारल आकाश !
हे धीपल आकाश !
हे तानल आकाश !
हे तमसाएल आकाश !
कोना क' जुड़ेतइन अभागलि पृथ्वीक कोखि ?
कहिआ धरि पूर्ण हेतइ झरकल दूबिक मनोरथ ?
हजार हजार नांगट गाछ यत्र तत्र ठाढ़
कार कउआक कर्कश स्वरमे
चिचिआ उठतहु मने अइखन :
"कतए नुकओने छह अपन ओ तरल अमृतधन"
"कतए नुकओने छह ओ सृष्टिक संजवनी रसायन"
हमरा सभ ओहिना नहि नष्ट होएब
तोरहि नामे करैत जाएब आत्मदाह
एकक पछाति दोसर
तकरा बाद तेसर, तदुपरान्त चारिम
तत्पश्चात् पांचम
एही क्रमे हजारक हजार…
आत्मदाह करैत जाएब हमरा सभ
हमरा सभक चिताधूम क' देतहु तोरा अकच्छ
पहुँचि अन्तरिक्षमे भ' जेतहु प्रलयंकर मेघ
प्रचंड घनघटाक ओ दुर्दान्त झोंप महाझोंप
क' देतहु तोहर दर्पके चूर्ण विचूर्ण
की क' लेबहक ओकर ?
तोहर एहि दंभपर खसहु बस बज्र
तों जाह बरु निखत्तर
हे निरभ्र आकाश !
हे धूसर आकाश !
हे धीपल आकाश !
हे भारल आकाश !
हे तानल आकाश !
हे तमसाएल आकाश !

हे निरभ्र आकाश !

हे निरभ्र आकाश !
हे धूसर आकाश !
हे भुने आकाश !
हे तपे आकाश !
हे तने आकाश !
हे कुपित आकाश !
किस तरह जुड़ाएगी अभागिन इस पृथ्वी की कोख ?
कब तलक पूरा होगा मनोरथ जली दूब का ?
हजार हजार नंगे गाछ यहाँ वहाँ खड़े
काल-काग के कर्कश स्वर से
अभी अभी मानो चिल्ला उठेंगे :
"कहाँ छुपाए हो अपना वह तरल अमृतधन"
"कहाँ छुपाए हो वह सृष्टि का संजीवनी रसायन"
हम सब यूँ ही बरबाद नहीं हो जाएँगे
करेंगे आत्मदाह तुम्हारे ही नाम
एक के पीछे दूसरे
उसके पीछे तीसरे, तदुपरान्त चौथे
तत्पश्चात् पाँचवें
इसी क्रम से हजारों-हजार…
आत्मदाह करते जाएँगे हम
हमारा चिताधूम कर देगा नाकोदमा तुम्हें
अंतरिक्ष में पहुँचकर बन जाएगा प्रलयंकर मेघ
प्रचंड घनघटा की वह दुर्दान्त जटा महाजटा
कर देगी तुम्हारे दर्प को चूर्ण विचूर्ण
क्या कर लोगे उसका ?
तुम्हारे इस दंभ पर गिरे अब बस बज्र
जाओ भले तुम निःछत्र
हे निरभ्र आकाश !
हे धूसर आकाश !
हे तपे आकाश !
हे भुने आकाश !
हे तने आकाश !
हे कुपित आकाश !

पसेनाक गुण-धर्म

क्षार-अम्ल
विगलनकारी, दाहक
रेचक, उर्वरक···
रिक्शाबलाक पीठ दिशुका फाटल तार-तार बनियाइन
पसेनाक अधिकांश गुण-धर्मकें
कए रहल अछि प्रमाणित
मोन होइए हमरा
विज्ञानक कोनो छात्रसँ जा कँए पुछिअइन—
बेशी सँ बेशी की सभ होइत छइक
पसेनाक गुण-धर्म ?
रिक्शाबलाक पीठक चाम
आओर कते शुष्क-श्याम हेतइ ?
स्नायुतंतुक ऊर्जा आओर कते बरकतइ ?
एहि नरवाहनक प्राणशक्ति आओर कते सिद्ध हेतइ ?
आओर कते···
क्षार-अम्ल, दाहक विगलनकारी···

पसीने का गुण-धर्म

क्षार-अम्ल
विगलनकारी, दाहक
रेचक, उर्वरक···
रिक्शावाले की पीठ पर तार-तार बनियाइन
पसीने के अधिकांश गुण-धर्म को
कर रही है प्रमाणित
मेरा मन करता है
विज्ञान के किसी छात्र से जाकर पूछूं—
अधिक से अधिक क्या सब होता है
पसीने का गुण-धर्म ?
रिक्शावाले की पीठ की चमड़ी
और कितनी शुष्क-श्याम होगी ?
स्नायुतंतु की ऊर्जा और कितनी पिघलेगी ?
इस नरवाहन की प्राणशक्ति और कितनी पकेगी ?
और कितना···
क्षार-अम्ल, दाहक बिगलनकारी···

पड़ल छी छगुन्तामें

की कहब हजूर !
की कहब मालिक !
पड़ल छी भारी छगुन्तामें
लगइए अजगुत अपनो
चाटि गेल कोन घून कोँढ़ ओ करेजकें
उघइत छलिअइ पहिने
तिन तिन शए बोरा अही पीठ पर
आब मुदा मोश्किल सँ
लादि होइए शए शवा शए बोरा
दूनू उखड़ा मिला कँए···
की कहब हजूर !
की कहब मालिक !
पड़ल छी भारी छगुन्तामें
लगइए अजगुत अपनो
खा नइ होइए

आश्चर्य में पड़ा हूँ

क्या कहें हुजूर !
क्या कहें मालिक !
पड़ा हूँ भारी आश्चर्य में
लगता है खुद भी अजूबा
चाट गया कौन घुन अंदर कलेजे तक
पहले ढो लेता था
तीन-तीन सौ बोरे इसी पीठ पर
अब कहीं मुश्किल से
लाद पाता हूँ सौ सवा सौ बोरे
दोनों समय मिलाकर···
क्या कहें हुजूर !
क्या कहें मालिक !
पड़ा हूँ भारी आश्चर्य में
लगता है खुद भी अजूबा
खाया नहीं जाता है

पा भरि चाउरक भात
रुचि भए गेल ए नश्ट
पानि टा पिबइ छिअइ
ढकर ढकर दश खेप
झाजीक हुकुम छइन—
बीलट कें ऊघए दहुन
आधा-छीधा हलुकाही बोरा
झाजीक प्रतापें जाइ छी खेपने
जिन्दाबाद सरकारी गोदाम !
जिन्दाबाद सरकार बहादुर !

कंकाले-कंकाल…

शिशु कंकाल
तरुण कंकाल
वृद्ध कंकाल
कंकाल वृद्धाक
कंकाल तरुणीक
कंकाल ननकिरबीक
फड़िच्छ चमड़ीबला कंकाल
कारी चमड़ीबला कंकाल
पांडुश्याम चमड़ीबला कंकाल
टहलैत-बुलैत कंकाल
चलैत-फिरैत कंकाल
पड़ल कंकाल
ठाढ़ कंकाल
सूतल कंकाल
जागल कंकाल
सुखाएल थनबला कंकाल
चोकड़ गर्भबला कंकाल
मालगाड़ीबला साईडिंग दिश
लाइन केर दोबगली
भरि भरि आँजुर, भरि भरि मुट्ठी
दाना मिश्रित धूरा उठबैत कंकाल

सप्लाइ विभागक चपरासिक नजरि थाहैत कंकाल
दू दू टा प्लेटफार्म सोझाँसोझी टपैत

पावभर चावल का भात
रुचि ही गई है मर
पानी भर पीता हूँ
ढकर-ढकर दस बार
झाजी का हुक्म है—
बीलट को ढोने दो
आधे-छीजे हल्के बोरे
झाजी की कृपा है, पार लगाए जा रहा हूँ
जिंदाबाद सरकारी गोदाम !
जिंदाबाद सरकार बहादुर !

कंकाल ही कंकाल…

शिशु कंकाल
तरुण कंकाल
वृद्ध कंकाल
कंकाल वृद्धाओं के
कंकाल तरुणियों के
कंकाल नन्ही बच्चियों के
साफ चमड़ीवाले कंकाल
काली चमड़ीवाले कंकाल
पांडुश्याम चमड़ीवाले कंकाल
घूमते-टहलते कंकाल
चलते-फिरते कंकाल
लेटे कंकाल
खड़े कंकाल
सोये कंकाल
जगे कंकाल
सूखे स्तन वाले कंकाल
छँटुआ गर्भवाले कंकाल
मालगाड़ी वाली साईडिंग की ओर
लाइन के दोनों किनारे
अँजुरी-अँजुरी भर, मुट्ठी-मुट्ठी भर
दाना मिली धूल उठाते कंकाल

सप्लाई विभाग के चपरासी की नजरों की थाह लेते कंकाल
दो दो प्लेटफार्म आमने-सामने टपते

गोड़ पाँचेक कुलीक
एक मिसिया मात्सर्य, एकरती सहानुभूति
अनायास हासिल करैत कंकाल
जेठक दुफरिआमे जरैत कंकाल
गया दिशुक कोनो ब्रोडगेज स्टेशन
की छल हेतइ नाम ?
अनुग्रह नारायण रोड !
आ कि गुरारू ! आ कि किदन !
मुदा एखन तँ शेष रहि गेल अछि
ओतुक्का स्मृतिक खातामे
कंकाले कंकाल
कंकाले कंकाल···

पांच छै कुलियों का
तनिक-सा मात्सर्य, रत्तीभर सहानुभूति
अनायास हासिल करते कंकाल
जेठ की दुपहरी में जलते कंकाल
गया की तरफ का कोई ब्रॉडगेज स्टेशन
क्या रहा होगा नाम ?
अनुग्रह नारायण रोड !
या फिर गुरारू ! या फिर क्या तो !
लेकिन अभी तो शेष बच रहा है
वहाँ की स्मृति के खाते में
कंकाल ही कंकाल
कंकाल ही कंकाल···

नब नचारी

अगड़ाही लागउ, बज्र खसउ,
बरु किच्छु होउक···
नहि नबते तोरा खातिर किन्नहु हमर माथ !
पाथर भेलाह तो सरिपहुँ बाबा बैदनाथ !

बेत्रेक अन्न भऽ रहल आँट नेना-भुटका
दुबरैल आँगुरें कल्लर सभ बीछए झिटुका
मकड़ाक जालसँऽ बेढ़ल छइ चुलहाक मुँह
थारी-गिलास सभ बेचि बिकिनि खा गेलइ, ऊँह
कँचा जकरा से खाए भात
क' रहल मौज से, जकरा छइ कोनो गतात
सरकारी राशन बेचि रहल अछि
अन्हरागाँही चउबरदामे चाँइ चोर
आन्हर-बहीर, बंभोला !
तोरा पर उठैत अछि तामस हमरा बड्ड जोर
गौरा पहिरथि फाटल नूआ
छन्हि कर्महिमे लागल भूआ
कार्तिक-गणेश छथि गीड़ि रहल
उसिनल अगबे अल्हुआक पात
बइमान बापसँऽ की माँगथु गऽ दालि-भात

नव नचारी[1]

आग लगे, गिरे वज्र !
जो कुछ भी हो···
कभी भी नहीं तुम्हारे लिए झुकेगा मेरा सिर !
बाबा वैद्यनाथ, हो गए तुम सचमुच पत्थर !

नन्हे-मुन्ने अन्न बिना हो रहे विकल
सूखी उँगली से कंकड़ चुनते भुक्खड़दल
मकड़े का जाला बुना हुआ चूल्हे का मुख
बेच-बाच खा गए गिलास-थाली, पा दुख
पैसा जिसको वह भात खाय
करें मौज जिनको है थोड़ा भी उपाय
सरकारी राशन बेच रहे
अंधी गलियों में खुलेआम बटमार चोर
अंधे बहरे बंभोला !
उठता है तुम पर मुझको क्रोध घोर
गौरी के वस्त्र फटे चीकट
लगा भाग्य में ही दीमक
कार्तिक-गणेश हैं निगल रहे
केवल अल्हुआ[2] के उबले साग-पात
बेईमान बाप से क्या माँगे जाकर दाल-भात

---

1. शिव स्तुति, 2. शकरकंद ।

अपने पर्बत छह भोग छप्पनो परकारकें
अनका लेखें त दुर्लभ छइ आको धथूर
बुझि पड़ितहु जँ सुनितहक—
उपासल कमरथुआकेर मुइल सूर !
बरु किच्छु कहऽ
पचकल लोढ़ा, तों धन्न रहऽ
नहि आब नचारी केओ गओतहु !
जे बूड़ि हैत से बोकिअओतहु !
नहि रहलइ ककरो किच्छु मात्र तोहर भरोस···
माटिक महत्त्व कें चीन्हि लेलक ईदेश-कोश !
पाथर भेलाह तों सरिपहुँ बाबा बैदनाथ !
नहि नबते तोरा खातिर किन्नहु हमर माथ !

खुद खाते छप्पन भोग । इधर
आक-धतूरा भी दुर्लभ इतना अंधेर
समझ पाते यदि सुनते तुम—
भूखे 'कमरथुओं'[1] की मरी टेर !
सो जो कहना हो कहो
पिचके लोढ़ तुम धन्य रहो
नहीं नचारी अब कोई गाएगा !
बेवकूफ ही बोकियाएगा[2] !
लेशमात्र भी नहीं किसी को रहा भरोसा तेरा···
मिट्टी का महत्त्व पहचान गया यह देश हमारा !
बाबा वैद्यनाथ तुम हो गए सचमुच पत्थर !
कभी भी नहीं तुम्हारे लिए झुकेगा मेरा सिर !

जगतारनि !

बाँसक
ओधि
उपाड़ि
करइ छी जारनि···
हमर
दीन
नहि
घूरत की जगतारिन ?

जगतारन !

बाँस की
जड़
उखाड़
करती हूँ जलावन···
मेरा
दिन
नहीं
लौटेगा क्या जगतारन ?

पाकल अछि ई कटहर !

चाबश ! चाबश ! चाबश !!
एह, केहेन दीब पाकल अछि ई कटहर
एह, कती टा अछि ई कटहर
एह, केहन गम-गम करइत अछि ई कटहर
एह, कोना अपनहि खसल गाछसँ
एह, कोन तरहें पड़ल अछि छहोछित भ' क'

पका है यह कटहल !

शाबास ! शाबास ! शाबास !!
अह, क्या खूब पका है यह कटहल
अह, कितना बड़ा है यह कटहल
अह, कैसा मह-मह करता है यह कटहल
अह, कैसे खुद ही गिर पड़ा गाछ से
अह, किस तरह पड़ा है चारों खाने चित

1. बाबा वैद्यनाथ को जल चढ़ाने के लिए यात्रा करनेवाले 'कमरथुआ'=कामना के रथ पर सवार ।
2. शिवपूजा के अंत में बोऽ-बोऽ (बकरे की तरह) स्वर निकालना ।

एहँ, कौना लुबधल छलइ अइ ले लोकक मोन
एह, केहेन, दीब पाकल अछि ई कटहर

पँघ-पुरान गाछक, एकमात्र ई सौंसे कटहर
फड़ल सहजहिँ प्रकृतिक प्रतापेँ
जोआएल सहजहिँ प्रकृतिक प्रतापेँ
पाकल सहजहिँ प्रकृतिक प्रतापेँ
खसल ओहिना
ओहिना भेल उपलब्ध हमरा लोकनि केँ
आउ, आउ ! अओ बिलाँ, अबइत जाउ
एकहक कोऽ, दू-दू कोऽ अबस्से लेल जाओ
एहेन अपूर्व सजबी कोऽ भेटत नहिए अन्तऽ
हमरा लोकनि पाबि रहल छी प्रसाद अपनहुँ
परसि लेल अछि एक दोसराक समक्ष
एक कोऽ, आधा कोऽ तेहाइ कोऽ
आउ, आउ ! अबइ जाउ अओ बिलाँ···
हे लिअऽ, हे लिअऽ, हे लिअऽ
की कहल ? कने जोरसँ कहू !
की कहल ? की कहल ?
निँघटत नहि की ई कटहर ?
आओर कते बिहलब ई कटहर ?
अहँऽ, अहँऽ, एखन नहि निँघटत
आउ, आउ, देखिअउ ने अपनहि आँखिएँ
सुगंध त लगले हैत !
आउ, आउ, एक रती पाबि लिअऽ
महाकालीक ई अपूर्व प्रसाद
शताब्दीक बादे भेटइ छइ लोक केँ
आउ, आउ, अओ बिलाँ,
माताक प्रसाद थिकइन
निँघटतइ नहिए···
आउ, आउ, अओ बिलाँ
ग्रहण करू शुचित भ' क' प्रसाद
कान केँ होमऽ दिअउ पवित्र
प्रसाद-ग्रहण करितहिँ सुनबामे आओत
एकटा अद्‌भुत, एकटा अश्रुतपूर्व मंत्र···
"अकाली···
काली···
कंकाली ··
महाकली···

अह., कैसा लुब्ध था लोगों का मन इसके ऊपर
अह, क्या खूब पका है यह कटहल

पुराने बड़े गाछ का एकमात्र यह पूरा कटहल
फला सहज ही प्रकृति के प्रताप से
जुआया सहज ही प्रकृति के प्रताप से
पका सहज ही प्रकृति के प्रताप से
गिरा उसी तरह
उसी तरह हुआ उपलब्ध हम लोगों को
आओ, आओ ! अजी ओ फलाँ, आते जाओ
एक-एक कोआ, दो-दो कोए अवश्य लेते जाओ
ऐसा अपूर्व असली कोआ नहीं मिलने का कहीं और
हम लोग खुद भी पा रहे हैं प्रसाद
परोस लिये हैं एक दूसरे के आमने सामने
एक कोआ, आधा कोआ, तिहाई कोआ
आओ, आओ ! आते जाओ अजी ओ फलाँ···
यह लो, यह लो, यह लो
क्या कहा ? जरा जोर से कहो !
क्या कहा ? क्या कहा ?
नहीं सधेगा क्या यह कटहल ?
और कितना बाँटोगे यह कटहल ?
उहुँक, उहुँक, अभी नहीं सधेगा
आओ, आओ, देखो न अपनी ही आँखों
सुगंध तो लगी ही होगी !
आओ, आओ, थोड़ा-सा पा लो
महाकाली का यह अपूर्व प्रसाद
शताब्दी के बाद ही मिलता है लोगों को
आओ, आओ, अजी ओ फलाँ
माता का प्रसाद है
नहीं ही सधेगा ।
आओ, आओ, अजी ओ फलाँ···
शुचिभाव से ग्रहण करो प्रसाद
कान को होने दो पवित्र
प्रसाद ग्रहण करते ही सुनने में आएगा
एक अद्‌भुत, एक अश्रुतपूर्व मंत्र···
"अकाली···
काली···
कंकाली···
महाकाली···

विकाली···
सकाली···
ला रे अभगला,
बढ़ा अप्पन गर्दनि
पड़ऽ दही ओइ पर
हम्मर कत्ता, हम्मर भुजाली
एम्हर देख, एम्हर देख, करमजरुआ
कतऽ देखने हेबही ई रूप मुंडमाली
क्लीं क्लीं क्लूं क्लूं
ऐं ह्रीं हूं आं हों
खच् खच् खच् खचाक्
ल'ग आ, निच्चां ताक्
खच् खच् खच् खचाक्
ला रे अभगला, बढा अप्पन गर्दनि
तोरा सभक मूंड़ी छोपबउ हनि हनि
आ रे अभगला !
आ रे कोढ़िया !
ऐं ह्रीं आं हों
क्लीं क्लीं हूं हूं''

डरें पड़ाइ जुनि अपने अओ बिलां !
आइ कालिह ओ मंत्र काज कहां करइ छइ
उनटि गेलइए अर्थ
आउ आउ, लिअऽ माताक प्रसाद···
अकालक प्रसाद
दुर्भिक्षक प्रसाद
अहिना केने रहथि प्राप्त
अहांक प्रपितामह-प्रमातामह
बाबाक बाबाक बाबा, नानाक नानाक नाना
आउ आउ, अओ बिलां,
लिअऽ लिअऽ प्रसाद प्रलयंकारी माताक
अमेरिकाक दलिया, कनाडाक दुद्धी पाउडर
ने जानि कतऽ तकऽ क स्वाद
समेटने अछि अपना भीतर !
अपूर्व लागत अहां कें ई कटहर
आउ आउ, पाबि लिअऽ छोड़ि-छाड़ि डर-भर
शुद्ध सनातनी, निर्लिप्त निरंजन
सुच्चा महापात्र हमरा लोकनि
अगबे कन्टाह, नहि नहि, अगबे अघोरी !

विकाली···
सकाली···
ला रे अभागे
बढ़ा अपनी गरदन
पड़ने दे उस पर
मेरी काता, मेरी भुजाली
इधर देख, इधर देख, करवहीन !
कहां देखा होगा यह रूप, मुंडमाली
क्लीं क्लीं क्लूं क्लूं
ऐं ह्रीं हूं आं हों
खच् खच् खच् खचाक्
पास आ, नीचे ताक्
खच् खच् खच् खचाक्
ला रे अभागे, बढ़ा अपनी गरदन
तुम सभी के सिर उड़ाऊँ हन-हन
आ रे अभागे !
आ रे कोढ़ी !
ऐं ह्रीं आं हों
क्लीं क्लीं हूं हूं''

आप डर कर भाग नहीं जाना, अजी ओ फलां !
आजकल वह मंत्र कहां काम करता है
उलट गया है अर्थ
आओ, आओ, लो माता का प्रसाद···
अकाल का प्रसाद
दुर्भिक्ष का प्रसाद
इसी तरह किया था प्राप्त
तुम्हारे परदादा-परनाना ने
दादा के दादा के दादा, नाना के नाना के नाना ने
आओ, आओ, अजी ओ फलां,
लो लो प्रसाद प्रलयंकारी माता का
अमरीका का दलिया, कनाडा का दूद्धी-पाउडर
कौन जाने, कहां कहां का स्वाद
समेटे है अपने भीतर
अपूर्व ही लगेगा तुम्हें यह कटहल
आओ, आओ, ग्रहण कर लो, छोड़ सभी डर-भय
शुद्ध सनातनी, निर्लिप्त निरंजन
असली महापात्र हम लोग
विशुद्ध श्राद्ध करानेवाले ब्राह्मण, नहीं-नहीं, विशुद्ध अघोरी !

तहू पर ई की तऽ कालीमाइक प्रसाद थीक···
एकर अभेला जुनि करिअउ !
आउ आउ, ल' लिअऽ एक रती···
केहेन दिव्य ई दुर्दैवी कटहर !!

उस पर भी क्या, यह कालीमाई का प्रसाद है
इसकी अवहेलना मत करो !
आओ, आओ ले लो थोड़ा-सा···
कैसा दिव्य, यह दुर्दैवी कटहल !!

बीच सड़क पर

बीच सड़क पर
हरिअर-हरिअर घास
तइपर ससरए ट्राम
मने आरिपर डोँका
भदबारिक ई भीजल-तीतल
चिक्कन-चाकन सनगर बालीगंज
मध्य वक्षपर ट्राम लाइनकेर जनउ पहिरने

बीच सड़क पर

बीच सड़क पर
हरी हरी घास
उस पर सरकती ट्राम
मानो मेड़ पर घोंघा
भादों का भींगा-भींगा
चिकना सुन्दर शानदार बालीगंज
मध्य वक्ष पर ट्राम-लाइन का जनेऊ पहने

माघ

ठारि-ठारि मेँ, पोर-पोर मेँ फुटलइ कोँढ़िक गुच्छा
सूतल मुनिगा हँसल भभाक'
झुंड-झुंड मधुमाछी भेल बताह
ओम्हरे उड़ि उड़ि गेल !
ओम्हरे उड़ि उड़ि गेल !
टुस्सा पर टुस्सा हुलकइ छइ
देखहक आमक नबगछुलीकेँ
छँउड़ी सभ बहराइलि भोरे, पूजए गेलि तुसारी
किछु रँइची-सारिसोक-प्रतापेँ
किछु तीसीक प्रतापेँ
भिट्ठा खेतक लतरल अल्हुआ केलकिन सभकेँ मात !
गत्र गत्र कनकन करइत अछि, जो रे माघक प्रात !

माघ

डाल-डाल में, पोर-पोर में कलियों का गुच्छा फूटा
सोया सहजन हँसा ठठाकर
झुंड-झुंड मधुमक्खियाँ हो गईं दीवानी
उड़-उड़ उधर ही गईं !
उड़-उड़ उधर ही गईं !
टूसों के ऊपर चढ़े टूसे झाँक रहे
देखो आम के नये गाछ को
निकल सुबह ही छोकरियाँ, तुषार पूजने गईं
कुछ तो राई-सरसों के प्रताप से
कुछ अलसी के प्रताप से
भीठ[1] खेत के लतरे अल्हुआ ने किया सभी को मात !
अंग-अंग कनकन करता, जा रे माघ के प्रात !

---

1. ऊँची जमीन ।

बीतल आधा फागुन

बीतल आधा फागुन !
चिबा चिबा कँऽ आमक मज्जर
कोइली सूर पिजाबए
भन भन भन मधुमाछी भनकए
चिप चिप करइछ दूबि
बचा बचा कँऽ पैर चलइए नेना-भुटका
मधुआ लागल पात चटइए बीछि बीछि कँऽ
उज्जर-पीअर-लाल-कपिश-लिधुराह
रंग-बिरंगक मजर देखि कँ
आंखि हमर अगधैल
पनिचोभक ओइ कलमबागकें
नमस्कार हम कैल
बीतल आधा फागुन !

आधा फागुन बीता

आधा फागुन बीता !
चबा चबा मंजरी आम की
शान चढ़ाती सुर पर कोयल
भन-भन-भन मधुमक्खियाँ भिनकतीं
चिप चिप करती दूब
बचा बचाकर पाँव चल रहे नन्हे-मुन्ने
चाट रहे मधुआ लगे हुए पत्ते चुन चुनकर
उजले पीले लाल—कपिश-रक्ताभ
रंग बिरंगी मंजरियों को देख देखकर
मेरी आँखें तृप्त हो गईं
पनिचोभ ग्राम के उस बगीचे को
मैंने किया नमस्कार
आधा फागुन बीता !

चैत

पछवा सिहकए
सूरुज दमकए
पाकल सुक्खल रब्बिक छीमड़ि बालि
मेही सुरमें बजबए मने सितार
दूरहिं सं चकचक करैत अछि चैतक खेत-पथार
डोला-डोलाकँ नमहर-नमहर आङुर
सहिजन सहजहिं दइ छनि हरिअर सिगनल—
आबथु आब निदाघ
चाटथु माटिक सत्त
सुरकथु पानिक प्राण
पछवा सिहकओ, सूरुज दमकओ
चैतक धरतीकें चाही बस वैशाखी शृंगार

चैत

पछिया सिहके
सूरज दमके
दलहन की पकी सूखी छीमियों वाली बालियाँ
मानो महीन सुर में बजाती सितार
दूर से ही चकाचक चमक रहा चैत का खेत-खलिहान
हिला-हिलाकर लम्बी-लम्बी उँगलियाँ
सहज भाव से सहजन दे रहा हरी सिगनल
पधारें अब निदाघ
चाटें मिट्टी का सत्व
खींचकर पान कर लें पानी का प्राण
पछिया सिहका करे, सूरज दमका करे
चैत की धरती को चाहिए केवल वैशाखी शृंगार

अखाढ़

उठलइ बेश बिहाड़ि
ताहि पर झपलक मेघ आकाश
साधि लेलक दम पुरबा-पछबा
सृष्टि भेल निस्तब्ध
गड़गड़ गड़गड़ गुड़म गुड़ुम गुम···
गरजल इन्द्रक हाथी
छाड़ि नचारी गावए लगला गिरहथ लोकनि मलार
प्रमुदित दूबिक सीर-सीर
अछि पुलकित कूशक पेंपी
बगए बदलि गेलइक माटि केर
पानि भेल मटमैल
एकार्णवा करह पृथिवीकें
आबऽ हे अखाढ़ !
आबऽ हे अखाढ़ !

आषाढ़

जोरों की आंधी उठी
उस पर से मेघ ने ढंक लिया आकाश
दम साध लिया पुरबा-पछिया ने
सृष्टि हुई निस्तब्ध
गड़गड़ गड़गड़ गुड़म गुड़ुम गुम···
इन्द्र का हाथी गरजा
नचारी गाना छोड़ कृषकजन गाने लगे मल्हार
प्रमुदित दूबों की पोर-पोर
पुलकित कुश की नोक
वेश ही बदल गया मिट्टी का
हुआ पानी मटमैला
एकार्णवा बनाओ पृथ्वी को
आओ हे आषाढ़ !
आओ हे आषाढ़ !

साओन

परतीक कोंढ़-करेज जुड़ाएल
बाध-बोन हरिअर भ' गेल
प्रकृति-नटी केर अंग-अंगमें
महाकाल टेमी द' देल
सर-सरिताकें भरल देखिकएँ
बिजुलत्ताकें सुझलइ खेल
बँसबारिक भगजोगनी सभसँ
ओ धोछिया कए लेलक मेल
तामस उठलन्हि मेघराजकें
ठनका ठनकल डाँटक लेल
डूबल रहइ दोबगली लाइन
कहुना ससरल छोटकी रेल
परतीक कोंढ़-करेज जुड़ाएल
बाध-बोन हरिअर भ'गेल

भीजल-तीतल, ध्वैल-नहाएल
सिमसिमाह ई साओन मास
कतबो झहरल मेघ तदपि अछि

सावन

परती की छाती जुड़ा गई
रँगे खेत वन हरित रंग में
महाकाल ने शिखा जला दी
प्रकृति नटी के अंग अंग में
सर-सरिता को भरा देखकर
विद्युल्लता को सूझा खेल
बांसवनों के जुगनू दल से
कैसा किया मुई ने मेल
गुस्सा आया मेघराज को
कड़क उठा घनघोर रंग में
रेंग रही यह छोटी रेल
लाइन डूबी ज्यों तरंग में
परती की छाती जुड़ा गई
रँगे खेत वन हरित रंग में

भींगा धोया हुआ नहाया
सिमसिम सिमसिम सावन मास
कितना भी झहरे बादल पर

रिमझिमाह ई साओन मास
अनका लेखें मजगर, विधुरक
लेखें आगि-लगाओन मास
पिछड़ि-पिछड़ि कँऽ खसथु राधिका
कान्ह क लेल हँसाओन मास
गाइनि लोकनिक हेतु मोदमय
कोहबर महक ओछाओन मास
तीसो दिन थिक मधुश्रावणी
नवतुरिआक चुमाओन मास
भीजल-तीतल ध्वैल-नहाएल
सिमसिमाह ई सोआन मास

मोट डारिमें मचकी बान्हल
झूला झुलथु नन्दकिशोर
पलखति भेटन्हु नजरि बचा कएँ
नहू-नहू आवथु चितचोर
तिलक फूल सन रुचिर नासिका
मधुरी फूल जकाँ छन्हि ठोर
दुइ देह छन्हि, एक परिस्थिति
एक प्राण छथि साँवर-गोर
किए कान्ह ओँघड़ेता भूपर
राधा किए बहओती नोर
आनक सुख-सोहाग देखतइ तऽ
किए हेतइ ककरो मन घोर
मोट डारिमें मचकी बान्हल
झूला झुलथु नन्दकिशोर

कान पाथि कँ सुनब पहर भरि
गावथु प्रौढ़ा लोकनि मलार
भीजब हम भरि पोख पहर भरि
बदरा बरसओ मूसलधार
चोभब राढ़ी आम भदइया
शलहेशक हम करब सिङार
बिशहराक गहबर ओगरब ग'
देखब ग' लाबाक पथार
सूपक सूप उझिलता अइखन
पाछाँ बरू भ' जेता देखार

रिमझिम वाला सावन मास
मजे और के लिए विधुर हित
आगल गावन सावन मास
फिसल-फिसलकर गिरें राधिका
कान्हा हेतु हँसावन मास
मोद मनावें सखियाँ गावें
कोहबर बीच बिछावन मास
तीसों दिन है मधु-श्रावणी
युवकों हेतु चुमावन मास
भींगा धोया हुआ नहाया
सिमसिम सिमसिम सावन मास

मोटी डार बँधी है मचकी[1]
झूला झूलें नन्दकिशोर
समय मिला तो नजर बचाते
दबे पाँच आवें चित्तचोर
तिलक पुष्प-सी रुचिर नासिका
अधर माधुरी फूल समान
दो तन तो हैं, एक परिस्थिति
श्यामल-गोरी एक परान
लोटेंगे कान्हा क्यों भू पर
राधा क्यों रोवें आँखें भर
देख किसी के सुख-सुहाग क्यों
मन में उठे उदासी घोर
मोटी डार बँधी है मचकी
झूला झूलें नन्दकिशोर

कान लगाकर सुनें पहर-भर
प्रौढ़ाओं के कण्ठ मल्हार
भींगें भर मन एक पहर हम
बरसे बादल मूसलधार
चूसें राढ़ी आम भदइया
करें सलहेस[2] का हम शृंगार
विषहरा स्थान सेवें जा
देखें लावा का अम्बार
अभी उड़ेलें सूपों भर-भर
भले बाद हो बंटाढार

1. बाँस का झूला। 2. लोक देवता।

बिला जेता भादबमें बिलकुल
मेघक लीला अपरम्पार
कान पाथि कें सुनब पहरभरि
गावथु प्रौढ़ा लोकनि मलार

लोचन-अंजन, जन मन रंजन
पावस ऋतु कें करिअ प्रणाम
जनिक कृपासँ जनिक स्नेहसँ
खेत-खेत कहवए वसुधाम
जनिक प्रतापें हरि विश्वंभर,
अन्नपूर्णा देवीक नाम
जनिक दया सँ वृक्ष वनस्पति
जनिक रसें फल-फूल ललाम
जनिकर ममतामय अनुशासन
गछने छथि ऋतुराज गुलाम
जनिक ऋणी छथि सातो सागर
जनिक प्रजा थिक सृष्टि तमाम
लोचन-अंजन, जन मन रंजन
पावस ऋतुकें करिअ प्रणाम

लुप्तप्राय होंगे भादों में
घन की लीला अपरम्पार
कान लगाकर सुनें पहर भर
प्रौढ़ाओं के कण्ठ मल्हार

लोचन-अंजन, जनमन रंजन
पावस ऋतु को करें प्रणाम
जिनकी कृपा और स्नेह पा
खेत कहाते हैं वसुधाम
जिन प्रताप पा हरि विश्वंभर
अन्नपूर्णा, देवी का नाम
जिनकी दया वृक्ष वनस्पति
जिनके रस फल-फूल ललाम
जिनका ममतामय अनुशासन
धारण कर ऋतुराज गुलाम
ऋणी उन्हीं के सातों सागर
प्रजा उन्हीं की सृष्टि तमाम
लोचन-अंजन, जनमन रंजन
पावस ऋतु को करें प्रणाम

कने कने मध्यान्तर दैत

कने कने मध्यान्तर दैत
उझिलि गेल छ' मुल्की पानि
कने कने मध्यान्तर दैत
द' गेल छहक अछार पर अछार
कने कने मध्यान्तर दैत
क' गेल छहुन धरतीकें आप्यायित
कने कने मध्यान्तर दैत
गली-गलीमें लगा गेल छहक
भरि छाबा पानि
भरि ठेहुन पानि
बाजह हे श्याम घन
बाजह हे कारी-कारी मेघ
की करबहक राति खन ?

थोड़ा थोड़ा मध्यान्तर देकर

थोड़ा थोड़ा मध्यान्तर देकर
उड़ेल गए हो ढेर सा पानी
थोड़ा थोड़ा मध्यान्तर देकर
दे गए हो बौछार पर बौछार
थोड़ा थोड़ा मध्यान्तर देकर
कर गए हो धरती को आप्यायित
थोड़ा थोड़ा मध्यान्तर देकर
गली गली में लगा गए हो
पाँव भर पानी
घुटने भर पानी
बोलो हे श्यामघन
बोलो हे काले-काले मेघ
क्या करोगे आज रात ?

की करबहक राति खन ?
बाजह हे श्याम घन !
बाजह हे कारी कारी मेघ !
की करबहक राति खन ?
नुकओने जुनि रहिहक,
नाच' दिहक एक रत्ती बिजुलत्ता कें
ककरो कहाँ लगतइ अधलाह
पैर छूबि कें लगतहु तोरा गोड़
सुहासिनि अन्हरिआ राति !
तखन फेर थीर भ' क'
देखइत बरू रहिह'
हजार-हजार भगजोगनीक नाच !
सुनइत बरू रहिह'
हजार-हजार झिङुरक अजस्र झंकार !
हजार-हजार ढाबुसक मेदुर उद्गार !
अहिना बरू होम' दिहक प्रात
अहिना बरू सिहक' दिहक दोरस बसात
दोहाइ हे श्याम घन
दोहाइ हे कारी कारी मेघ !
संच मंच रहिह' रातिखन
समेटने रहिह' अपन भाभट

क्या करोगे आज रात ?
बोलो हे श्यामघन !
बोलो हे काले काले मेघ !
क्या करोगे आज रात ?
छुपाए मत रहना
नाचने देना तनिक, विद्युल्लता को
किसी को कहाँ लगेगा बुरा
पाँव छूकर करेगी तुम्हें प्रणाम
सुहासिनी अँधेरी रात !
तब फिर स्थिर होकर
अपना देखते रहना
हजार हजार जुगनुओं का नाच !
अपना सुनते रहना
हजार हजार झींगुरों की अजस्र झंकार !
हजार हजार मेढकों के मेदुर उद्गार !
बल्कि, यूँ ही होने दोगे प्रात
बल्कि, यूँ ही सिहकने दोगे दोरस वातास
दुहाई हे श्यामघन
दुहाई हे काले काले मेघ !
स्थिर हो रहना आज रात
समेटे रहना अपने नखरे

अन्त श्रावण केर ई मेघ

बरिसइत रहओ अहिना
भरि दिन, भरि राति
अन्त-श्रावण केर ई मेघ
भिजबइत रहओ अहिना
कमतिआ ज'न-ज'नीक गत्र गत्र
अन्त श्रावण केर ई मेघ
सुनइत रहओ अहिना
रिक्शाबला इसखी छओंड़ा क गारि
अन्त श्रावण के रई मेघ
लोकोक कतवहिमें
अर्ध दग्ध ऊपर फांटू कोइला बिछइत
आयत आँखिवाली संथाल-छँउड़ीक उपराग
सेहो सुनइत रहओ अहिना

आखरी सावन का यह मेघ

बरसता रहे इसी तरह
दिन भर, रातभर
आखरी सावन का यह मेघ
भिगोता रहे इसी तरह
खेतिहर मजदूर-मजदूरनियों के अंग-अंग
आखरी सावन का यह मेघ
सुनता रहे इसी तरह
रिक्शेवाले दिलफेंक छोकरे की गाली
आखरी सावन का यह मेघ
लोकों के आस पास
अर्द्धदग्ध छिटके-फिंके कोयले चुनती
आयत आँखोंवाली संथाल छोकरीका उलाहना भी
सुनता रहे इसी तरह

अन्त श्रावण केर ई मेघ
तितबइत रहउ अहिना
तीसी तेलक चिकनाओल ओकर खोपा
अन्त श्रावण केर ई मेघ

आखरी सावन का यह मेघ
तर-ब-तर करता रहे इसी तरह
अलसी के तेल से चिकनाया उसका जूड़ा
आखरी सावन का यह मेघ

छीपपर रहओ नचैत

छीपपर रहओ नचैत
कनकाभ शिखा
उगिलैत रहओ स्निग्ध बाती
भरि राति मृदु-मृदु तरल ज्योति
नाचथु शलभ-समाज
उत्तेजित आबथु जाथु
होएत हमर अंगराग हुतात्माक भस्म
सगौरव सुप्रतिष्ठ हसितहि हम रहबे
दीअटिक जड़िसँ के करत बेदखल हमरा
ने जानि, कहिआ, कोन युगमे
भेटल छल वरदान
आकल्प हम रहल बइसल दीप देवताक कोर में

फुनगी पर नाचती रहे

फुनगी पर नाचती रहे
कनकाभ शिखा
स्निग्ध बाती उगलती रहे
रातभर मृदु-मृदु तरल ज्योति
नाचें शलभ-समाज
उत्तेजित आवें जायें
हुतात्माओं का भस्म बनेगा मेरा अंगराग
हँसता ही रहूँगा मैं सगौरव सुप्रतिष्ठ
दीवट की जड़ से कौन करेगा बेदखल मुझे
पता नहीं, कब, किस युग में
मिला था वरदान
आकल्प बैठा रहा हूँ दीप देबता की गोद में

पत्रहीन नग्न गाछ

पत्रहीन नग्न गाछ
लगइए कारी बस कारी, ठूठाकृति
अन्हार गुज्ज रातिमे
स्पंदनहीन, रूक्ष, तक्षक शिशिर
पसरल अछि सबतरि ऊपर-ऊपर
नीचाँ किन्तु, तरबातर दूबिक मोलाएम नवांकुर
बाँटि रहल रोमांचक टटका प्रसाद सउँसे शरीरकें
मोन होइए, गाबी अन्हरिओमे वसन्तक आगमनी
आउ हे ऋतुराज,
नुकाएल छी कालक कोखिमे अनेरे !
दिअउ निश्छल आशीर्वाद
तकइए अहींक बाट घासक पेंपी
आउ हे ऋतुराज !

पत्रहीन नग्न गाछ

पत्रहीन नग्न गाछ
लगता है काला बस काला, ठूँठ आकृति
घुप अँधेरी रात में
स्पंदनहीन, रूक्ष, तक्षक शिशिर
ऊपर ऊपर फैला है सर्वत्र
किन्तु नीचे, तलवे-तले दूब के मुलायम अंकुर
रोमांचक ताजा प्रसाद बाँट रहे हैं संपूर्ण तन को
मन करता है, गाऊँ अँधेरी रात में भी वसन्त की आगमनी
आओ हे ऋतुराज,
व्यर्थ ही छुपे हो काल की कोख में !
दो निश्छल आशीर्वाद
तेरी ही बाट जोह रही हैं घास की कोंपलें
आओ हे ऋतुराज !

नबतुरिए आबओ आगाँ…

तीव्रगंधी तरल मोबाइल
क्षणस्पंदी जीवन
एक-एक सेकेन्ड बान्हल !
स्थायी-संचारी-उद्दीपन-आलंबन…
सुनियन्त्रित एक-एक भाव !
परकीय-परकीया सोहाइ छइ ककरा नहि
खंड प्रीति सोन्हगर उपायन ?

असह्य नहि कुमारी विधवाक सौभाग्य
असह्य नहि गृही चिरकुमारक दागल ब्रह्मचर्य
सरिपहुँ सभ केओ सर्वतंत्र स्वतंत्र
रोक टोक नहिए कथूक ककरो
रखने रहू, बेर पर आओत काज
अमौटक पुरान धड़िका…
धर्म-अर्थ-काम-मोक्ष !
पघिलओ नीक जकाँ सनातन आस्था
पाकओ नीक जकाँ चेतन कुम्हारक नबका बासन
युग-सत्यक आबामे…
जुनि करी परिबाहि बूढ़-बहीर कानक
टटका मन्त्र थीक,
नबतुरिए आबओ आगाँ !!
उएह करत रूढ़िभंजन, आगू मुहेँ बढ़त उएह…
हमरा लोकनि दिअइ आशीर्वाद निश्छल मोनेँ ;
घिचिअइ नहि टाङ पाछाँ…
ढेकी नहि कूटी अपनहि अमरत्वटाक…

नवयुवक ही आगे आवें…

तीव्रगंधी तरल मोबाइल
क्षणस्पंदी जीवन
बँधा एक-एक सेकेण्ड !
स्थायी-संचारी-उद्दीपन-आलंबन…
सुनियन्त्रित एक-एक भाव !
किसे पसंद नहीं परकीय-परकीया
खंड प्रीति का सोंधा उपायन ?

नहीं असह्य कुमारी विधवा का सौभाग्य
नहीं असह्य गृही चिरकुमार का दागा हुआ ब्रह्मचर्य
सच ही, सभी सर्वतन्त्र स्वतंत्र
कैसा भी रोक टोक नहीं किसी के लिए
रखे रहो, आएगा समय पर काम
अमावट के पुराने रॉल
धर्म-अर्थ-काम-मोक्ष !
ठीक से पिघले सनातन आस्था
ठीक से पकें चेतन कुंभकार के नये बर्तन
युगसत्य के आबा में…
बूढ़े-बहरे कानों की परवाह क्यों करना
ताजा मन्त्र है
नवयुवक ही आगे आवें !!
वे ही करेंगे रूढ़िभंजन, वे ही बढ़ेंगे अग्रमुख
निश्छल मन दें हम आशीर्वाद
पीछे खींचें नहीं टाँग…
कूटें नहीं केवल अपने ही अमरत्व की ढेंकी…

प्लास्टिक लत्ती

प्लास्टिकक लत्ती
प्लास्टिकक फूल
रंग वेश चटकदार
गंध मुदा बीभत्स —
रासायनिक मिक्शचर केर सड़लहा काटि सन !
कोना क' कोनो देवी होइती अनुकूल
सूँघि-सूँघि क' ई फूल ?

प्लास्टिक की लता

प्लास्टिक की लता
प्लास्टिक के ही फूल
खूब चटख रंग
लेकिन बीभत्स गंध
रासायनिक मिक्शचर की सड़ी काई की तरह !
किस तरह हों भला अनुकूल कोई देवी
सूँघ-सूँघकर ये फूल ?

हीटरक आँच मे

हीटरक आँचमे कोँढ़ी फुला गेल
असली परिमल मुदा की भेल
सूर्यक सहज-स्वस्थ तापकेँ
फराकहिसँ नमस्कार क' लेल
अगुता क' माथा झुका देल
युगक समक्ष।

हीटर की आँच में

हीटर की आँच में खिल गई कली
मगर कहाँ गया असली परिमल
सूर्य के सहज-स्वस्थ ताप को
दूर से ही कर लिया नमस्कार
घबड़ाकर टेक दिया सर
युग के समक्ष।

मनुपुत्र दिगम्बर

समुद्रक कछारमे
सितुआक पीठपर
तरंगित रेखाक बहुरंगी अइपन, हल्लुक !
ऊपर अउन्हल आकाश
निबिड़-नील !
नीचाँ श्याम सलिल वारुणी सृष्टि !
सभ किच्छु बिसरि
तिरोहित कए सभ किच्छु
—अवचेतन मध्य
रहताह ठाढ़ मनुपुत्र, दिगम्बर
ने जानि कती काल···
पश्चिमाभिमुख !

मनुपुत्र दिगम्बर

समुद्र के तट पर
सीपी की पीठ पर
तरंगित रेखाओं की बहुरंगी अल्पना, हलकी !
ऊपर औंधा आकाश
निविड़-नील !
नीचे श्याम सलिल वारुणी सृष्टि !
सब कुछ भूल
तिरोहित कर सभी कुछ
—अवचेतन मध्य
खड़े रहेंगे मनुपुत्र, दिगम्बर
पता नहीं, कब तक···
पश्चिमाभिमुख !

एक फाँक आँखि, एक फाँक नाक !

कोना क' बिसरिअउ ?
अधक्के देखल ओहि रातुक ओहि ठाँक
एक फांक आँखि, एक फांक नाक
कोना क' बिसरिअउ ?

गेल रही सेकेंड शो सिनेमा
अबइत रही घूरल
सी ब्लाक, 3 सी एच···अपन बासा दिश
कोनो क्वार्टरकेर जँगला रहइ फूजल

एक फाँक आँख, एक फाँक नाक

कैसे भूल जाऊँ री ?
झटके में देखी उस रात, वहाँ की
एक फांक आंख, एक फांक नाक
कैसे भूल जाऊँ री ?

गया था सिनेमा, सेकेंड शो
आ रहा था वापस
सी ब्लाक, 3 सी एच···अपने आवास की तरफ
किसी क्वार्टर की खिड़की थी खुली

रेशमी-नील पर्दा छलइ सहजहिँ संयत कएने
बिजलीक प्रकाशकेँ भितरे भितर भरि छाती, भरि कंठ
तइसँ ऊपर ड्योढ़-बेढ़ केबाड़ी, शुद्ध-निरीह सन ··
अपना सूरमेँ अबइत रही हनहनैल
जँगला लग अबिताहिँ नजरि भेल ऊपर
आ' कि देखल अधक्के गोर-गोल मुखचन्द्रक अर्धांश
सावधान सचेत एक फाँक आँखि
सङहि एक फाँक नाक
अधक्के देखना गेल
आ कि जँगला भ' गेलइ बंद
आबिकँ अंगन्यास कएल मुदा
कतीकाल धरि रहल नचैत
कपारक भितरका कटोरीमध्य
धारण कए क्रमहि टकुरीक रूप
एक फाँक आँखि···
एक फाँक नाक···

रेशमी नीला पर्दा सहज ही संयत किए था
बिजली के प्रकाश को भीतर ही भीतर छातीभर, कंठभर
उससे ऊपर अधखुला किवाड़, सीधा-निरीह जैसा
अपनी धुन में आ रहा था हनहनाया
खिड़की के पास आते ही नजर हुई ऊपर
कि बस, देखा झटके से, गोरे गोल मुखचन्द्र का अर्द्धांश
सावधान सचेत एक फांक आंख
साथ ही एक फांक नाक
झटके में दीख गई
और बस, बन्द हो गई खिड़की
आकर, अंगन्यास किया, मगर
कितनी देर तक रही नाचती
कपाल के भीतर की कटोरी में
धारण किए क्रमशः तकली का रूप
एक फांक आंख···
एक फांक नाक···

राधिका

गोर-गहुमा कांति
देह नमछर आ सुरेबगर
मूँह कटगर
ठोर लालेलाल
बाब्ड हेयर—बेश कपचल कृष्ण कुंतल जाल
भउँह बेश पिजौल
मर्मवेधी टाकुसन कजरैल आँखिक कोर
अनावृत मुक्तोदरी, आवर्त दारुण नाभि
रङल बीसो नखक उज्जर पीठ
हरित वसना आइ काल्हुक राधिका
देवि स्कूटरवाहिनी, घुरिआउ संध्याकाल
कोनो होटल मध्य बाट तकैत छथि बाँकेबिहारी लाल

राधिका

गोरी गेहुआं कांति
देह पतली और सुघड़
मुख कटीला
होंठ कितने लाल
बाब्ड हेयर—कुतरे हुए कृष्ण कुंतल जाल
भौं पर चढ़ाई शान
मर्मवेधी तकुए-सा कजरारी आंख का कोर
अनावृत मुक्तोदरी, आवर्त दारुण नाभि
बीसों नखों की रंगी उजली पीठ
हरितवसना आजकल की राधिका
स्कूटरवाहिनी, चक्कर लगावें देवि संध्याकाल
किसी होटल मध्य पथ जोहते बांके बिहारीलाल

कइए देलकइए गोल

हांजक हांज छउँड़ी सभ खेलाइत अछि बास्केट बॉल
चउरंगीक रमना···
सुविस्तृत मैदान···
रविक जड़काला अपराह्न
मित्रलाभें प्रमुदित, परस्पर विनोदलीन
हमरा लोकनि तीनि गोटें
देखइ छी फुर्तीबाज तरुणीवृन्दक क्रीड़ा-कौतुक
दू रंगक परिधानें दू हांज में विभक्त—
ऐंग्लो-इंडियन छउँड़ीसभ
छरपइए, कुदइए, बॉल पर लुधकइए
बचवइए दहिना-बामा ··
हे लिअ' हे लिअ' कइए देलकइ गोल
वाह रे वाह, कांकोड़केशी कुइरी-पतरकी छउँड़ी !!

गोल कर ही डाला

झुंड बांधे छोकरियां खेल रही हैं बास्केटबॉल
चौरंगी का रमना···
सुविस्तृत मैदान···
रविवारीय शरद् का अपराह्न
मित्रलाभवश प्रमुदित, परस्पर विनोदलीन
हम तीन जने
देख रहे हैं फुर्तीली तरुणियों के क्रीड़ा-कौतुक
दो रंगों के परिधान में, दो झुंड में विभक्त—
ऐंग्लो इंडियन छोकरियां
फलांगती, फांदती, बॉल पर टूटती हुई
बचाती हुई दायां-बायां···
यह लो, यह लो, गोल कर ही डाला
वाह रे वाह, केंकड़ा-बालों वाली भूरी आंखोंवाली पतली छोरी !!

जुनि अबउ भरि राति मेल ट्रेन

बइसल बइसल मेल ट्रेनक प्रतीक्षामें
बहार भए गेल आँखिक सूत
घंटा भरि लेट
आधा घंटा आओर लेट
पैंतालीस मिनट आओर लेट···
आहि रे दैव, की भेलहु तोरा ?
कइएक खेप फोड़ल आङुर
कइएक बेर भेल हाफी
चाटि गेल छी मुल्की मैगजीन
सुड़कि आएल छी सात कप चाह
सोंटि लेल अछि दू पाकिट सिगरेट
आहि रे दैव, आब की करू ?
रङल-टीपल पेटारक भरें ओठङलि
दुरगमनिया कनिआ
सूतलि अछि कि जागलि
घोघक अ'ढ़ तर !
ब'र मुदा कटइ छइ फोंफ

न आए बेशक रात-भर मेल ट्रेन

बैठा बैठा मेल ट्रेन की प्रतीक्षा में
बाहर निकल आए हैं आंखों के डोरे
घंटा भर लेट
आधा घंटा और लेट
पैंतालीस मिनट और लेट···
आह रे विधाता, क्या हुआ तुझे ?
कई दफा चटखाईं उँगलियां
कई बार आई जँभाई
चाट गया देसी मैगजीनें
सुड़क आया हूँ सात कप चाय
खींच गया हूँ दो पाकिट सिगरेट
आह रे विधाता, अब क्या करूँ ?
रँगी-रची पेटी से उँगठी
गौना कराई दुलहन
सोई है या जगी
घूंघट की आड़ में !
लेकिन दूल्हा भर रहा है खर्राटें

करिआ कंबल पर ठामहि
सामान रखने अछि सँइति सिरमादिश
कए रहलइए अइहबक ओगरबाहि
सूति-पातिवाली अधवएसू लोकदिन
लाल पाढ़िक पीअर साड़ी पहिरने···
माङुर सन एनमेन ओकरा देहक कांति
लगइए केहेन दिब
आब किए बहरैत आँखिक सूत
जुनि अबउ मेल ट्रेन भरि राति !

वहीं काले कम्बल पर
सिरहाने सेंतकर सामान
सुहागिन की रखवाली कर रही है
आचार-विचारवाली अर्द्धवयस्क नौकरानी
लाल किनारी की पीली साड़ी पहने···
बिल्कुल माँगुर मछली सी है उसकी देह की कांति
लगती है कितनी अच्छी
अब क्यों निकलेंगे आँखों के डोरे
न आए बेशक रात-भर मेल ट्रेन !

एकटा सामान्य जंक्शन

एकटा सामान्य जंक्शन
एकटा सामान्य ट्रेन
द० पू० रे०···द० पू० रे०···द० पू० रे०
अन्तिम श्रावण केर स्निग्ध आर्द्र परिवेश
निराकुल प्लेटफार्म
जनविरल मोसाफिरखाना
बीच-बीचमे॑ अबैत जाइत
गोटेक-आधेक आदिवासी चेहरा
केहन दीब लगइए ई
एकटा सामान्य जंक्शन
चुपचाप ससरि गेल
नजरिक सोझासँ
एकटा सामान्य ट्रेन

स्लीपिंग कोचक
समानान्तर बर्थ पर
सूतलि ओहिना, पहुँचि जइती
ओ बेचारी कनी कालमे॑ चाकुलिआ
एखन उतरवा काल, अलक्षिते
नमस्कार क' आएल छिअइन
ओहि सुमुखी-सुदर्शना के॑
मोन होइए रहि रहि
भने हमहू अपना बर्थ पर पड़ले पड़ल
अवचेतनमे॑ करैत ओहिना गपशप
चल गेल रहितहुँ चाकुलिया

एक सामान्य जंक्शन

एक सामान्य जंक्शन
एक सामान्य ट्रेन
द० पू० रे०···द० पू० रे०···द० पू० रे०
आखिरी सावन का स्निग्ध आर्द्र परिवेश
निराकुल प्लेटफार्म
जनविरल मुसाफिरखाना
बीच बीच में आते-जाते
एकाध आदिवासी चेहरे
कितना अच्छा लगता है यह
एक सामान्य जंक्शन
चुपचाप सरक गई
नजरों के सामने से
एक सामान्य ट्रेन

स्लीपिंग कोच की
समानान्तर बर्थ पर
सोई यूँ ही पहुँच जाएगी
वह बेचारी थोड़ी देर में चाकुलिया
अभी उतरते समय अलक्षित ही
कर आया हूँ नमस्कार
उस सुमुखी-सुदर्शना को
मन होता है रह-रहकर
भले, मैं भी अपनी बर्थ पर लेटा लेटा
अवचेतन में यूँ ही बतियाता हुआ
चला गया होता चाकुलिया

गय नूनू !

माथ पर उत्तुंग खोपा
तपोवनी स्टाइलमें बान्हल ··
आ' ताहिमें लपेटल चम्पाफूलक माला···
गय नूनू !
ककर ककर प्राण लेब गैही तों आइ ?
हमर कोंढ़-करेज कपइए
थर थर थर थर, थर थर थर थर !
वयोवृद्ध तटस्थ तपस्वीलोकनिक
अहिना दलकल हेतइन छाती
मदन-दहन-दिवसक पहिलुका उखड़ामें
किशोरी नगनन्दिगीक रंग-ताल देखि
उठल हेतइन कचोट···
अघटित घटन-सम्भावना-दोलित चित्त
काँपल हेतइन कोंढ़
थर थर थर थर, थर थर थर थर
गय नूनू, एना नइ बहरो !

अरी बबुनी !

माथे पर उत्तुंग जूड़ा···
तपोवनी स्टाइल में बँधा···
और उसमें लपेटी चम्पे की माला···
अरी बबुनी !
किसके किसके प्राण हरेगी आज तू ?
काँप रहा है भीतर से मेरा कलेजा
थर थर थर थर, थर थर थर थर !
वयोवृद्ध तटस्थ तपस्वियों की
इसी तरह दलकी होगी छाती
मदन-दहन-दिवस की प्रथम वेला में
देख किशोरी नगनन्दिनी के नजाकत-नखरे
उठी होगी कचोट···
अघटित घटन-सम्भावना-दोलित-चित्त
काँप गया होगा कलेजा
थर थर थर थर, थर थर थर थर
अरी बबुनी, यूँ बाहर मत निकल !

चें चें चें चें

चें चें चें चें
चूं चूं चूं चूं···
चीं चीं चीं चीं
अपनहिमें मस्त अछि चिड़इ-चुनमुन
अपनहिमें व्यस्त अछि चिड़इ-चुनमुन
नहि छइक परवाहि एकरा सबहिकें
न'ब घर ऊठल आ' किं पुरान घर खसल
नहि छइक परवाहि एकरा सभइकें
प्रशासकीय आड्वालक···
कमिश्नर साहेबक कोर्टरूम, बड़की टा हाल
असामान्य फर्नीचर
भारी भारी पर्दा झुलैत
बोद्ध स्तूपवला मॉडल
हाथ-करघाक मेही शिल्प
छ'त सँ लटकल दू टा तुम्बी
दूनू तुम्बी सँ प्रलंबित नमहर डंडावला भारी भारी पंखा !

चें चें चें चें

चें चें चें चें···
चूं चूं चूं चूं···
चीं चीं चीं चीं
अपने में ही मस्त हैं पंछी
अपने में ही व्यस्त हैं पंछी
नहीं है परवाह इन्हें
नए घर बनें या पुराने घर गिरें
नहीं है परवाह इन्हें
प्रशासकीय आड्वाल का···
कमिश्नर साहब का कोर्टरूम, बड़ा सा हाल
असामान्य फर्नीचर
लटकते बड़े बड़े पर्दे
बोद्ध स्तूप के मॉडलवाले
हथकरघे के महीन शिल्प
छत से लटकती दो तुम्बियाँ
दोनों तुम्बियों से प्रलंबित लम्बे डंडेवाले वजनदार पंखे !

मुदा ई बगड़ाक जाति कते होइए एडभेन्चर्स
बिजलीवला ओहि पंखाक दूनू तुम्बीमे
लगा नेने अछि खोंता
आ' जखन-तखन अहिना चिचियाइत रहइए
कथी लए करतइन ई सभ परवाहि बङोर भरि
न'ब घर ऊठल त' ऊठल—
पुरान घर खसल त' खसल
कथी लए करतइन परवाहि ई सभ कथूक

कमिश्नर साहेब बाजल रहथि एक बेर अही प्रसगें
बगड़ाक जाति ई चिड़इ चुनमुन
होइत अछि सरिपहुं कते ढीठ
कइएक दुपहरिआ एहनो भेलइए जे
केबिन में लंच पर्यन्त लेलक अछि
ई सभ हमरा सङे

प्रशासकीय विधिनिषेधक बंधन
मानत की कउखन चिड़इ चुनमुन !
कमिश्नर साहेबक मिसिओ भरि अनुशासन
कथी लए मानतइन ई चिड़इ चुनमुन
करैत रहतइन अहिना चें चें चूं चूं चीं चीं···

लेकिन यह बया की जात होती है कितनी एडवेन्चर्स
बिजली के पंखों की उन दोनों तुम्बियों में
बना डाले हैं घोंसले
और जब-तब करते रहते हैं इसी तरह चें-चें
क्यों करने लगे तनिक भी परवाह
नए घर बने तो बने
पुराने घर गिरें तो गिरें
क्यों करने लगे ये किसी की परवाह

कमिश्नर साहब ने चर्चा की थी एक बार;
बया जाति के ये पंछी
सच में, होते हैं कितने ढीठ
कई दोपहर ऐसा भी हुआ है कि
केबिन में लंच तक लिया है
इन्होंने मेरे साथ

प्रशासकीय विधि निषेध के बन्धन
कभी क्या मानेंगे पंछी !
कमिश्नर साहब का तनिक भी अनुशासन
क्यों मानने लगे ये पंछी
करते रहेंगे इसी तरह चें चें चूं चूं चीं चीं···

अँहँऽ, अँहँऽ···

अँहँऽ, अँहँऽ, नहि चाहिअइन, नहि चाहिअइन
ऐटमी आयुध नहि चाहिअइन हमरा भगवान कें
शंख-चक्र-गदा-पद्म···
बझले रहइ छनि चारू हाथ
अँहँ' अँहँ' खागि नहि छइन आन कोनो हथियारक
सेहो की त सूतल छथिन एखन
के उठओतइन हुनका देव-उठानसँ पूर्व ?
अँहँ' अँहँ' छोड़ि दिअउन एखन
पाछाँ बरू भेट क' लेबइन कहिओ !

अँहँ' अँहँ' नहि चाहिअइन, नहि चाहिअइन
पद्मासना लक्ष्मी कें सखा-पात
लगइ छनि हुनका बड्ड वेश अपन बज्र-बहीर कोखि

उहुँक···उहुँक···

उहुँक, उहुँक, नहीं चाहिए, नहीं चाहिए
ऐटमी आयुध नहीं चाहिए मेरे भगवान को
शंख-चक्र-गदा-पद्म···
फँसे ही रहते हैं चारों हाथ
उहुँक, उहुँक, किसी और हथियार का नहीं है प्रयोजन
वह भी क्या, तो सोए हैं अभी
कौन उठाएगा उन्हें देवोत्थान से पूर्व ?
उहुँक, उहुँक, छोड़ दीजिए अभी
बाद में मिल लीजिएगा कभी !

उहुँक, उहुँक, नहीं चाहिए, नहीं चाहिए
पद्मासना लक्ष्मी को संतान
अपना बज्र-बधिर कोख ही पसंद है उन्हें

सृष्टिक आदिमे उएह छली
प्राचार्या परिवार नियोजन विद्याक
अँहँ अँहँ केओ नहि करिअइन आलोचना
बाँझे रहथु अहिना माता लक्ष्मी
उल्लूक सौभाग्य थीक हुनका देहक मइल
बेरक ऐवर्य थीक हुनक निर्माल्य
सात-समुद्र-पार आन-आन देशक अच्छोद सरोवर
होइत रहओ प्रतिफलित ओहिना हुनक
स्मित-भास्वर ठोरसँ
पड़लि रहथु अनुर्वर, उदास, पेट-कान्ह देने
अपना देशक ई रत्नगर्भा भूमि, हुनके उपेक्षाक मारल !

अँहँ अँहँ नहि टोकिअउन महास्थविर ब्रह्माकें
रहथुन हेड़ाएल ढीलक लीख जकाँ
हिनक पाकल दाढ़ीक बड़का जंगल मध्य
शत-सहस्र अनागत विश्वामित्र अहिना
पटपटाइत रहनु बरू अहिना चारू मुहँक आठोटा ठोर
अँहँ अँहँ जुनि राखी एको रती भरोस एहि बूढ़ बाबाक

बइसल रहथु अहिना भने प्रज्ञाकें द' क' तिलांजलि
अनंतशायी भगवान् विष्णुकेर नाभिकमलक मचानपर
इएह रहथीन खेहारने सरस्वतीकें···
बिसरतइ ककरा !
अँहँ अँहँ छाड़ि दिअनु हिनका !

वे ही थीं सृष्टि के आदि में
परिवार-नियोजन-विद्या की प्राचार्या
उहुँक, उहुँक, न करे कोई आलोचना
बाँझ ही रहें इसी भाँति माता लक्ष्मी
उल्लू के सौभाग्य उनके तन की मैल
समय का ऐवर्य ही उनका निर्माल्य
सात समुद्र पार अन्य देशों के अच्छोद सरोवर
इसी भाँति होते रहें प्रतिफलित उनके
स्मित-भास्वर अधर से
लेटी रहे पेट के बल अनुर्वर, उदास
अपने देश की यह रत्नगर्भा भूमि, उनकी ही उपेक्षा की मारी !

उहुँक, उहुँक, टोकिए नहीं महास्थविर ब्रह्मा को
खोए रहें जूँ के अंडों की तरह
इनकी पकी दाढ़ी के घने जंगल में
शत सहस्र अनागत विश्वामित्र इसी भाँति
उनके चारों मुँह के आठों ओठ, भले हिलते रहें इसी भाँति
उहुँक, उहुँक रखिए मत भरोसा तनिक भी इस बूढ़े बाबा पर

बैठे रहें भले इसी भाँति देकर प्रज्ञा को तिलांजलि
अनन्तशायी भगवान विष्णु के नाभिकमल के मचान पर
इन्होंने ही खदेड़ा था सरस्वती को···
भूल पाएगा कौन !
उहुँक, उहुँक, छोड़ दीजिए इनको !]

पिता-पुत्र संवाद

हिमधवल तुंग-शृंग···
बइसल छथि एहिपर पद्मासन लगओने !
नेत्र छन्हि अर्धनिमीलित
विरजित ठामहि गौरी गिरिकन्या ।
ऋद्धि-सिद्धि झोरामे
लंबोदर कोरामे !
कार्तिक कतहु गेल छथिन घूमऽ
बसहा छन्हि ठाढ़, पाजु करैत···
चाहिअन्हि आर की हुनका ?

पिता-पुत्र संवाद

हिमधवल तुंग-शृंग···
बैठे हैं इस पर लगाए पद्मासन !
नेत्र हैं अर्द्धनिमीलित
विराज रही हैं वहीं गौरी, गिरिकन्या ।
झोले में ऋद्धि-सिद्धि
गोद में लम्बोदर !
कहीं घूमने गए हैं कार्तिक
बसहा बैल खड़ा है, करता जुगाली···
और क्या चाहिए उन्हें ?

"प्रिय बटुक, बूझल अछि अहाँ के—
की थिकइ कुंठा ?
की थिकइ संत्रास ?
की थिकइ मृत्युबोध ?
होइत छइ कोना आक्रोशक विस्फोट ?
अल्पजीवी लघुप्राण व्यक्ति भेटल अछि अहाँ केँ ?"
गजानन तत्काल उतरि गेलथीन कोरासँ
चारि हाथ फराक भऽ कँऽ ठाढ़···
लाल नमहर ठोर हिलबैत कहलथीन—
"बुझा तऽ हम दितहुँ···
मुदा, अहाँ बुझबे नहि करबइ !
हिमाद्रिक ई तुंग-शृंग छाड़ि—
नीचाँ तराइ दिश ताकिओ टा हैत ?"

देखि पिताकेँ मौन-गम्भीर-निरपेक्ष
माय दिश लगलाह ताकऽ तरुण गणेश
तखन, सहज स्नेहेँ अभिभूत —
पार्वती बजलीह—
"अहुना केओ ठाँहि-पठाँहि
बापकेँ देलक अछि जबाब ?
जाउ छोटन, की कहब अहाँकेँ···
अपन जेठ भाय सँ
किछुओ त सिखने रहितहुँ !"

'प्रिय बबुआ, मालूम है तुम्हें—
किसे कहते हैं कुंठा ?
किसे कहते हैं संत्रास ?
किसे कहते हैं मृत्युबोध ?
किस प्रकार से हुआ करता है आक्रोश का विस्फोट ?
मिला है कभी अल्पजीवी लघुप्राण व्यक्ति ?"
गजानन तुरत उतर गए गोद से
चार हाथ अलग हटकर हो गए खड़े···
बोले हिलाते हुए लाल लम्बे ओठ—
"बता तो देता मैं···
लेकिन, आप तो समझेंगे ही नहीं !
इस हिमाद्रिका तुंग-शृंग छोड़—
नीचे तराई की ओर देख भी सकेंगे आप ?"

पिता को देख मौन गम्भीर निरपेक्ष
माँ की ओर देखने लगे तरुण गणेश
तब, अभिभूत होती हुई सहज स्नेह से
बोलीं पार्वती—
"इस तरह बेलौस
कोई देता है बाप को जवाब ?
जाओ छोटे, क्या कहूँ तुम्हें···
अपने बड़े भाई से
कुछ तो सीखा होता !"

सिंहवाहिनी दशभुजा चंडी

सिंहवाहिनी दशभुजा चंडी
शत-सहस्र शरीरधारिणी
कोना रहती सन्नद्ध ?
रक्षा कोना करती सीमांत-रेखाक ?
क्षीरसागर मध्य बारहो मास बर्खक बर्ख
अहिना यदि सुतले रहि गेला विष्णु !
अहिना यदि रहला बइसल
नाभिपद्म संभूत अपरोजक विधाता !
अहिना यदि रहि गेली लक्ष्मी बाँझक बाँझे !
अहिना यदि स्वर्णमृगक पाछाँ —

सिंहवाहिनी दशभुजा चंडी

सिंहवाहिनी दशभुजा चंडी
शत-सहस्र शरीरधारिणी
रहेंगी कैसे सन्नद्ध ?
करेंगी किस तरह सीमांत रेखा की रक्षा ?
क्षीरसागर मध्य बारहों मास सालोंसाल
यदि इसी तरह सोए रह गए विष्णु !
यदि इसी तरह रहे बैठे
नाभि पद्म संभूत बेकार विधाता !
रह गई यदि इसी तरह लक्ष्मी बाँझ की बाँझ !
यदि इसी तरह स्वर्णमृग के पीछे—

रहला अपर्यांत मनुपुत्र !
पिआसलि पृथिवी
अहिना यदि कनैत रहली हकन्न !

दौड़ते परेशान रहे मनुपुत्र !
पृथिवी प्यासी
रोती रही यदि इसी तरह जार-बेजार !

ओ ना मा सी धङ !

ओ ना मा सी धङ् !
आहि रे बा, आहि रे बा,
ख्रुश्चेब खसला, चितङ् !
क्रान्तिमे थूरल गेला शांतिक दूत
लोकके लगलइ अजगूत
उतारि कऽ फेकि देल गेलनि फोटो
अपनो तँ एहिना
रहथिन कएने स्तालिनकेर कपालक्रिया
सुनने रही कतहु की मुर्दाक ओहन दुर्गति ?
आहि रे कप्पार !
दशो प्रतिशत क्षमा नहि पूर्वजक लेल
ऊपर अन्तरिक्षमे चलैत रहौ' उड़ानक खेल
क्रेमलिनक मुदा कीदन भऽ गेल
कइएक टा ख्रुश्चेब ढहनेता मने उसिनल बेल
भारतीय थिकहुँ, सभके तिल-जल देल···
'येनास्ता पितरो जाताः, येन जाताः पितामहाः'
सैह गति होउन हिनको···
ओं शान्तिः शान्तिः शान्ति !!

ओ ना मा सी धं !

ओ ना मा सी धं !
अरे बा' अरे बा'
गिरे ख्रुश्चेव चितंग !
कुचले गए क्रान्ति तले शान्ति के दूत
आश्चर्य हुआ लोगों को
उतारकर फेंक दिए गए फोटो
खुद भी तो इसी तरह
की थी स्तालिन की कपाल-क्रिया
सुनी गई थी कहीं कभी लाश की वैसी दुर्गति ?
हाय रे कपार !
दस प्रतिशत भी क्षमा नहीं पूर्वजों के लिए
ऊपर अंतरिक्ष में चला करे उड़ान का खेल
क्या तो हो गया लेकिन क्रेमलिन का
लुढ़केंगे कई एक ख्रुश्चेव जैसे उबले हुए बेल
भारतीय मैं, देता हूँ सभी को तिल-जौ···
'येनास्ता पितरो जाताः, येन जाताः, पितामहाः'
इनकी भी हो वैसी ही गति···
ओं शान्तिः शान्तिः शान्तिः !!

की लाल ? की लाल

की लाल ? की लाल ?
अढ़ूलक फूल लाल !
आरतिक पात लाल !
तिलकोड़क फऽड़ लाल !
छउँड़ीक ठोर लाल !
छओँड़ाक टाइ लाल !

क्या लाल ? क्या लाल ?

क्या लाल ? क्या लाल ?
अढ़हुल के फूल लाल !
आरती के पात लाल !
तिलकोड़[1] के फल लाल !
छोकरी के होंठ लाल !
छोकरे की टाई लाल !

1. बिम्बाफल

सूगाक लोल लाल !	सुग्गे का चोंच लाल !
ई लाल ! ओ लाल !	यह लाल ! वह लाल !
की लाल ? की लाल ?	क्या लाल ? क्या लाल ?
शोणित लाल, क्रांति लाल !	लहू लाल, क्रान्ति लाल !
युद्धोत्तर शांति लाल !	युद्धोत्तर शांति लाल !
रूसकेर देह लाल !	रूस की देह लाल !
चीनकेर कोँढ़ लाल !	चीन का हृदय लाल !
अमेरिकाक नाक लाल ?	अमरीका की नाक लाल !
ब्रिटेनक जीह् लाल !	ब्रिटेन की जीभ लाल !
ई लाल ! ओ लाल !	यह लाल ! वह लाल !
की लाल ? की लाल ?	क्या लाल ? क्या लाल ?
हम्मर मोसि लाल !	मेरी रोसनाई लाल !
अहांक कलम लाल !	आपकी कलम लाल !
हिनकर पोथी लाल !	इनकी किताब लाल !
हुनकर गत्ता लाल !	उनकी जिल्द लाल !
ककरो गाल लाल !	किसी के गाल लाल !
ककरो आंखि लाल !	किसी की आंख लाल !
ई लाल ! ओ लाल !	यह लाल ! वह लाल !

दोहाइ हे इन्द्र महाराज !	दुहाई हे इन्द्र महाराज !
उपजत	उपजेगी
मोनक खेतमेँ	मन के खेत में
अगबे कुंठाक फसिल	केवल कुंठा की फसल
लागत	लगेगा
सृष्टिक क्रम-पात	सृष्टि का रंग-ढंग
आद्यन्त बिलकुल जटिल	आद्यन्त, बिलकुल जटिल
झहरत	बरसेंगे
राति-दिन, सदक्षण	रातदिन, हमेशा
निराशाक कारी-कारी मेघ	निराशा के काले काले मेघ
लटकत	लटकेगा
बढ़ल जाएत नहू-नहू	बढ़ता चला जाएगा धीरे-धीरे
अवांछित असफलताक मेघ	अवांछित असफलता का मेघ

मिझैत
प्रीतिक मधुर आँच
भेल जाएत सुरुचि नष्ट

मेटैत
बढ़िमका रेख तरहत्थीक
बढ़ल जाएत नानाविध कष्ट

सूझत
हँ, आन किच्छु टा नहि
भासित हैत मात्र त्रास-महात्रास

बूझत
सगरो जहान मतिक्षिप्त
मूह दूसत धुआँठल आकाश

ससरत
दोहाइ हे इन्द्र महाराज !
हिलाउ जुनि अपन कुंडल

उनटत
उनटिए जाएत सरिपहुँ
हमरा लेखें समग्र भू-मंडल

बुझ जाएगी
प्रीति की मीठी आँच
सुरुचि होती जाएगी नष्ट

मिट जाएँगी
हाथ की अच्छी रेखाएँ
बढ़ते जाएँगे नानाविध कष्ट

जी हाँ, और कुछ भी
नहीं सूझेगा
भासित होगा केवल त्रास-महात्रास

सारा जहान
समझेगा पागल
मुंह चिढ़ाएगा धूमायित आकाश

सरक जाएगा
दुहाई हे इन्द्र महाराज !
मत हिलाओ अपने कुंडल

उलट जाएगा
सचमुच, उलट ही जाएगा
मेरे लिए समग्र भू-मंडल

? ? ? ? ?

रविरंजित शिखरवला
हिमाद्रिक वक्ष पर
देवदारु वनमें
टहलैत शिशु मेघ कें
छूने छहक कहिओ ?

किन्नर-परिवारक
मुक्त अतिथि रूपें
द्राक्षाक पुटपाकी
अति पुरान आसव
चखने छहक कहिओ ?

? ? ? ? ?

रविरंजित शिखरवाले
हिमाद्रि के वक्ष पर
देवदारु वन में
टहलते मेघ को
छू पाए हो कभी ?

किन्नर परिवार का
मुक्त अतिथि बनकर
द्राक्षा का पुटपाकी
काफी पुराना आसव
चख पाए हो कभी ?

भीठ पर लगाओल
सफेदा मालदहक
प्रथम-प्रथम
मंजरी गुच्छ
सुंघने छहक कहिओ ?

शारदीय
वंकिम धार मे
टुटैत कगार केर
क्षुब्ध-मथित-आहत नाद
सुनने छहक कहिओ ?

प्लास्टिकक ट्यूबमे
लिपि रूपें प्रवहमान
क्षण-प्रभा विद्युत केर
छाया मय भास्वर स्पंदन
देखने छहक कहिओ ?

तृप्यंताम् तृप्यंताम्...

पुरखा लोकनि
पिबइ छला भाङ्, खाइ छला माजूम
चिबाबथि ललमुहा रोहुक तरल-झोराओल मूड़ा
मोदनिक पेटी; करिया छागरक करेजी
हमरा लोकनि आजुक प्रबुद्ध मैथिल
चढ़वइ छी नापि क' देशी-विदेशी दारू मात्रानुसार
(करइ छइ गून अतत्तह जड़कालामे)
चाखि लइ छी कहिओ क' गोलमेजी केबिन मध्य
कीमा-कबाव-कोफ्ता-रोगनजोश-मुर्ग मुसल्लम !
रहथि पुरखा लोकनि भोग पीड़ित
हमरा लोकनि छी अगबे योग पीड़ित
देश-कालक व्यवधान पार करथि हुनका सभ
बइसि बइसि सग्गड़ पर, घोड़ी पर, नाओ पर...
व्यापारी काफिलाक सङे सुरक्षित भए ससरथि !
हमरा लोकनि थिकहुँ रेल-वल्लभ
ट्राम-टैक्सी-कार-डकोटा-स्टीमलंच...
कथूसँ अपरिचित नहि !

भीठे पर लगाए गए
सफेदा मालदह् आम का
प्रथम प्रथम
मंजरी-गुच्छ
सूँघ पाए हो कभी ?

शारदीय
वंकिम धारा में
टूटते किनारों का
क्षुब्ध-मथित-आहतनाद
सुन पाए हो कभी ?

प्लास्टिक की ट्यूब में
लिपिरूप में प्रवहमान
क्षणप्रभा विद्युत का
छायामय भास्वर स्पंदन
देख पाए हो कभी ?

तृप्यंताम् तृप्यंताम्...

पुरखे
पीते थे भंग, खाते थे माजूम
चबाते थे ललमुँहा रोहू मछली का भुना रसदार मूँड़ा।
मेदनी मछली की 'पेटी' काले छागल की कलेजी
हम आज के प्रबुद्ध मैथिल
नापकर चढ़ाते हैं देशी-विदेशी शराब मात्रानुसार
((हद्द फायदा पहुँचाता है जाड़ों में)
चख लेते हैं कभी-कभार गोलमेजी केबिन में
कीमा-कबाब-कोफ्ता-रोगनजोश-मुर्ग-मुसल्लम !
पुरखे थे भोग पीड़ित
हम हैं पूरे योग पीड़ित
देश-काल के व्यवधान, वे पार करते थे
बैठ-बैठकर छकड़ों पर, घोड़ियों पर, नावों पर...
व्यापारी काफिलों के साथ सुरक्षित हो खिसकते थे आगे !
हम हैं रेल-वल्लभ
ट्राम-टैक्सी-कार-डाकोटा-स्टीमलंच...
किसी से नहीं अपरिचित !

कल्हुआड़क आगाँ मूल्य की चनमाड़क ?
चउरंगी, चउपाटी, कनाटप्लेस,
थीक मने आङन-खरिहान···
रेहल-खेहल, धाङल बिल्कुल !
कदाचित् पुरुखा लोकनि देखि जँ पबितथि
अनठिआ माउगि सभक एहेन-एहेन रतुठिआ मुहठान
चल जइतनि ठामहि जान !
हमरा लोकनि : अजुका युगमानव
अपने प्रज्ञासँ स्वतः प्रणोदित
चउचक सदिखन
जाइ छी सभठाँ, करइ छी सभकिच्छु
पसरल छथि कत' नहि सउजनिआ ?
पुरखा लोकनि रहथि महात्मा
हमरा सभ छी विश्वात्मा
पलरि-पलरि भेल जाइछ अदृश्य
शिखा-सूत्र, पाँजि-पाटि, गोत्र
गबइ छथि ब्रह्मा शूद्रक महिम्नः स्तोत्र
चारू मुहेँ रेघाकँऽ···
दड़िभंगा-सहर्सा-पूर्णिया-भागलपुर
सभकें एक करत धाङि धूङि काल बलीबर्दक खूर

सिन्धी षोड़शीक मर्मवेधी अव्याहत कटाक्ष
पंजाबी बछेड़ीकलीलामय आस्फालन
कलकतिआ किशोरीक सस्मित साकूत कमलायत दृक्पात
सुगठित तनुभंगिमा मराठी-गुजराती तरुणीक···
द्रविड़-केरल कन्याक मोहक नाट्यलीला···
'हेरतहि हृदय हनए पंचवाण' दुष्ट महादुष्ट !
धराशायी भेल छथि केतेको कुलीन मिथिलानंदन···
लड़ओलनि नजरि केओ मसूरीक 'कैमेल-बैक' बीथी मध्य
केओ बउआ चउपाटीक बलुआही सामुद्रिक कछारमेँ
भेला केओ पराजित कनाटप्लेसक 'गेलार्ड' धरि पहुँचतहिँ
किनको कान पिउलक विनोदक कालकूट बीच मद्रासमेँ
भए गेलाह खाली केओ बालीगंज अबैत-अबैत
दूना क' देलकनि ककरो मोनकेँ अहमदाबाद-पूना
घसए लगला चानन केओ जइतहि उटकमंड···

जे रहथि बड्ड पैघ साहेब-श्रीमंत
राजा-महाराज बाबू-बबुआन

कोल्हूघर के आगे क्या मोल पूजाघर का ?
चौरंगी, चौपाटी, कनॉटप्लेस
बन गए हैं आँगन-खलिहान···
देखे-भोगे हुए, धाँगे हुए बिलकुल !
कदाचित् देख जो पाते पुरखे
अनजानी औरतों की ऐसी-ऐसी नैश-मुद्राएँ
वहीं निकल जाती जान !
हम : आज के युगमानव
अपनी ही प्रज्ञा से स्वतः प्रणोदित
सजग सदा
जाते हैं हर जगह, करते हैं सभी कुछ
बिखरे हैं कहाँ नहीं हमारे स्वजन-समाजी ?
पुरखे थे महात्मा
हम हैं विश्वात्मा
फैल फैल कर होते जा रहे अदृश्य
शिखासूत्र, जात-पात, गोत्र
गाते हैं ब्रह्मा शूद्र-महिम्नः स्तोत्र
चारों मुँह से लेते हुए आलाप···
दरभंगा-सहरसा-पूर्णिया-भागलपुर
सभी को धाँग-धूँगकर एक कर देंगे काल-बलीवर्द्ध के खुर

सिन्धी षोडशी का मर्मवेधी अव्याहत कटाक्ष
पंजाबी बछेड़ी का लीलामय आस्फालन
कलकत्ते की किशोरी का सस्मित साकूत कमलायत दृक्पात
सुगठित तनुभंगिमा मराठी-गुजराती तरुणियों की···
द्रविड़-केरलकन्या की मोहक नाट्यलीला··
'हेरितहिं हृदय हनए पंचवाण'[1] दुष्ट महादुष्ट !
धराशायी हुए पड़े हैं कितने ही कुलीन मिथिलानन्दन···
लड़ाए नैन किसी ने मसूरी की 'कैमेलबैक बीथी में
कोई घूमे चौपाटी के बालुकामय सामुद्रिक कछार में
कनॉटप्लेस 'गेलार्ड' तक पहुँचते ही कोई हो गए पराजित
विनोद का कालकूट पिलाया किसी ने कान को बीच मद्रास में
हो गए खाली कोई बालीगंज आते-आते
दूना कर गया किसी के मन को अहमदाबाद-पूना
घिसने लगे चन्दन कई जाते ही उटकमंड···

जो थे बहुत बड़े साहब-श्रीमंत
राजे-महाराजे बाबू-बबुआन[2]

1. उसे देखते ही हृदय को (मदन का) पंचवाण आहत कर देता है। (विद्यापति)। 2. बबुआन = रईस।

हुनका लेल लंडन छॅल प्रेमनगर, पेरिस प्रमोदवन
की रहलनि बाँकी बाजथु पजिआड़ लोकनि
कएने जथि ठाढ़ मने दंभक देबाल, भ्रांतिक भीत !
प्रबुद्ध पौत्रक आश्रयमे रहिकँ महानगरीमध्य
कलहा पानिसँ अहिना कएल करथु तर्पण—
तृप्यंताम्, तृप्यंताम्···तृप्यंताम्, तृप्यंताम् !

लन्दन था प्रेमनगर उनका, पेरिस प्रमोद वन
क्या रहा बाकी बोलें पंजीकार गण[1]
खड़ी कर रखी है मानो दंभ की दीवार, भ्रान्ति की भित्ति !
प्रबुद्ध पौत्र के आश्रय में रहते हुए महानगरी मध्य
पाइप के जल से किया करें यूँही तर्पण—
तृप्यंताम्, तृप्यंताम्···तृप्यंताम्, तप्यंताम् !

जोड़ा मन्दिर

कच्ची सड़कक कातहिमे
देखल ल'गे ल'ग छोट छीन जोड़ा मन्दिर
पुछलिअइ घसबाहिनिकेँ
ऐँ हए, के बनबओलक अछि
बीच बाधमे जोड़ा मन्दिर ?

उठा कँ खुर्पी समेत दाहिना हाथ
ओम्हरे इंगित करैत
बाजलि भुटिआ घसबाहिनि :
थापित भेल छइन ओइ ठाँ पीड़ी
भोकर राउत आ' मुङिआ माइकेर
बूढ़ा-बूढ़ीक सारा पर
ठाढ़ क' देलकइन' ए बेटा जोड़ा मंदिल
धन्न ओहेन माए-बाप
धन्न एहेन पूत···
एक रती भ गेलहुँ ध्यानस्थ ठाढ़े-ठाढ़
झुका लेल माथ
भोकर राउत आ' मुङिआ माइक स्मृति मे

दोसर दिन
पोखरिक भीड़ पर
भालसरिक छाहरिमे
सुस्ताइत पाओल सरजुगकेँ
कुशल-क्षेमक पूछा पेखीक बादे
कहलिअइ सरजुग राउतकेँ :
"ऐँ हओ सरजुग, बाप-माइक सारापर

जोड़ा मन्दिर

कच्ची सड़क के किनारे ही
देखा, पास-पास छोटे-छोटे मन्दिरों का एक जोड़ा
पूछा एक घसियारिन से
अरी ओ, किसने बनवाया है
बीच परती-पाँतर में यह जोड़ा मन्दिर ?

खुर्पी सहित दायाँ हाथ उठाकर
करती हुई उधर ही इंगित
बोली वह ठिगनी घसियारिन :
थापित[2] हुई है वहाँ पर पिन्डी
भोकर राउत और मुंगिया की माई की
बूढ़े बूढ़ी की समाधि पर
खड़ा कर दिया है बेटे ने जोड़ा मन्दिर
धन्य वैसे माँ-बाप
धन्य वैसे पूत···
खड़ा-खड़ा ही हो गया तनिक ध्यानस्थ
झुका लिया सिर
भोकर राउत और मुगिया की माई की स्मृति में

दूसरे दिन
पोखरे के भिन्डे पर
मौलश्री की छाँह में
आराम करता मिला सरजुग
कुशल-समाचार पूछा-पूछी के तुरत बाद
कहा मैंने सरजुग राउत से :
"एहो सरजुग, बाप-माँ की समाधि पर

---

1. पंजीकारगण=मैथिल ब्राह्मण एवं कायस्थों की वंशाबली-पंजी रखने वाले। 2. थापित=स्थापित।

तरउनी गाँओमे कहाँ केओ ठाढ़ केने छल जोड़ा मन्दिर !"
पातर मोछवला पिंडश्याम ग्रामीण युवक
सरजुग राउत
बाजल निरभिमान स्वरमे—
"बूढ़ा अपनि हाथे परुकाँ साल
रोपने रहथीन पाँच कट्ठा कुसिआर
तहीमहक शए-पाँचेक
लगा देलअनिए हुनके नाम पर
मासक भितरे दूनू परानी मुनि लेलखीन आंखि
किरिआ-करम, भोज-भातमे उठल हजारेक टाका
मुदा हमरा अपना त संतोख नहिए भेल तइसँ

"फागुन जाइत जाइत एमरी
मीलबला देलकइ पुरजी
राटन पर तउला एलिअइ ऊखि
दू दिन बाद आएल हाथ
नौ टा नमरी, सात टा दशटकही, एकटकही छओटा···
गामहिमे भेटि गेल
दू बोरी सीमटि, हजार तिनिएक पाकल पजेबा
बूढ़ा-बूढ़ीक मंडिल भ' गेलइन तइआर सहजहिँ···"

एतबा कहि कँ
मूड़ी झुका लेलक
खोंट' लागल संकोचेँ दूबि
पातर मोछवला सरजुग राउत

कने आगू बढ़ि कँ
ओकरा पीठ पर फेरैत अपन हाथ
कहलिअइ हम गद्गद भ' कँ :
"आइ धरि अइ परोपट्टामे
फुरल छलइ ककरो कहाँ ई बिखए !
देश-विदेश मुल्की दुनिआ जहान
धाङि आएल छी हम···
कहाँ कतउ देखलिअइए
माइ-बापक नामे तइआर जोड़ा मन्दिर
एह, सरजुग, धन्न थिकह तों !"

भेलइन संकोच भंजन
तखन पुनि बजलाह

तरौनी[1] गाँव में कहाँ किसी ने खड़ा किया था जोड़ा मन्दिर !"
पतली मूँछोंवाला साँवरा ग्रामीण युवक
सरजुग राउत
बोला निरभिमान स्वर में—
"अपने ही हाथों बूढ़े ने पारसाल
लगाया था पाँच कट्ठे में गन्ना
उसी में से पाँच-एक सौ
लगा दिए हैं उनके नाम पर
माह के भीतर ही दोनों जनों ने मूँद ली आँखें
क्रिया-कर्म भोज-भंडारे में खर्च हो गए करीब हजार रुपए
लेकिन, खुद मुझे तो हुआ ही नहीं संतोष उससे

"फागुन जाते-जाते इस बार
मिलवाले ने पर्ची दी
'राटन'[2] पर तौला आया गन्ना
दो दिन बाद हाथ में पड़े
नौ नम्बरी, सात दस के, एक के छः···
गाँव में ही मिल गई
सीमेन्ट की दो बोड़ियाँ, पक्की ईंट करीब तीन हजार
बूढ़े-बूढ़ी के मन्दिर हो गए सहज ही तैयार···"

इतना कहकर
झुका लिया सिर
संकोचवश टूँगने लगा दूब
पतली मूँछोंवाला सरजुग राउत

थोड़ा आगे बढ़कर
उसकी पीठ पर फिराता हुआ हाथ
गद्गद होता हुआ कहा मैंने :
"आज तक इस इलाके में
कहाँ सूझी थी किसी को यह बात !
देश-विदेश पूरा दुनिया-जहान
धाँग आया हूँ मैं···
कहाँ कहीं देखा है
माँ-बाप के नाम बना जोड़ा मन्दिर
वाह सरजुग, धन्य हो तुम !"

हुआ संकोच भंजन
तब पुनः बोले

1. नागार्जुन का गाँव। 2. ईख तौलने की जगह

सरजुग राउत उर्फ सरजुग यादव—
"हमरा बूढ़ा-बूढ़ीमे रहइ छलइन अतत्तह मेल
ओहन केओ नहि देखने हैत कतउ
से, हमरा आउर अपनहुँ गबाह छिअइन
लोको के बूझल छइ नीक जकाँ
हमरा बूढ़ा-बूढ़ी मे कहाँ कहिओ भेलइन झगड़ादन
हमरा बूढ़ा-बूढ़ी मे कहाँ कहिओ रहलइन ओदाउत
कहवी छइ जे एक परान दू देह
एन मेन तकरे नमूना छलइथ हमर बूढ़ा-बूढ़ी
तही खातिर फुरल ई बात
ठाढ़ क देने छिअइन जोड़ा मंडिल
चढ़ा अबइ छिअइन जा कँ
दूनू गोटाक पीड़ी पर फूल
ओइ सतकठबा कोलाक तीन धूर जमीन
उसर्गल जा चुकल छइन बूढ़ा-बूढ़ीक नाम पर
हमरा बिचारें जल्दी सँ जल्दी
लिखा, पढ़ी सेहो भइए जाइ···"

फेर हमरा नजरिक थाह लैत बाजल सरजुग
कनफुसकी अवाजमें :
"तरौनी गामक बाबू-भइआ लोकनि
हँसी उड़बइ छइथ हमर!"
तइपर कहलिअइ हम सरजुगकें :
"धु: मर्दे, इहो केओ बाजए !
बूझल नहि छहु तोरा,
तरउनी गामक बाबू-भइआ लोकनि
हँसी उड़बइ छथि हमरो!"

टूटि गेल अछि निन्न

टूटि गेल अछि निन्न
हे लिअऽ, भक दऽ भेल इजोत
तर्जनी पड़ितहिँ स्विचपर
टेबुल लैम्प स्वयं आलोकित,
आलोकित कएलक सउँसे छत
काँपी सँऽ संपृक्त पड़ल अछि पेन एक दिश
पेपरवेटक भार सँऽ जाँतल मेघदूत अछि शान्त एक दिश

सरजुग राउत उर्फ सरजुग यादव—
"हमारे बूढ़े-बूढ़ी में रहा करता था हद से ज्यादा मेल
वैसा नहीं देखा होगा किसी ने कहीं
सो हम सब खुद हैं साक्षी
सभी को है पता अच्छी तरह से
हमारे बूढ़े-बूढ़ी के बीच कहाँ कभी हुआ झगड़ा-तकरार
हमारे बूढ़े-बूढ़ी के बीच कहाँ कभी रही अदावत
कहावत भी है कि एक प्राण, दो देह
बिलकुल उसी का नमूना थे हमारे बूढ़े-बूढ़ी
इसी कारण सूझी यह बात
बना दिया है जोड़ा मन्दिर
चढ़ा आता हूँ जाकर
दोनों जनों की पिण्डियों पर फूल
उस सतकठबा खेत से तीन धूर जमीन
उत्सर्ग की जा चुकी है बूढ़े-बूढ़ी के नाम पर
मेरा विचार है, जल्द से जल्द
लिखा-पढ़ी भी हो ही जाय ··"

फिर मेरी नजरों को थाहता बोला सरजुग
फुसफुसाहट के स्वर में :
"तरौनी गाँव के बाबू-भैया सभी
हँसी उड़ाते हैं मेरी !"
इसपर कहा मैंने सरजुग से :
"धत् पगले, ऐसा भी कोई बोले !
पता नहीं है तुझे,
तरौनी गाँव के बाबू-भैया लोग
हँसी उड़ाते हैं मेरी भी !"

टूट गई है नींद

टूट गई है नींद
यह लो, भुक् से हो गया उजाला
तर्जनी पड़ते ही स्विच पर
स्वयं आलोकित हो गया टेबल-लैम्प
समूचा छत करता हुआ आलोकित ··
कापी से संपृक्त पड़ी पेन एक तरफ
पेपरवेट के भार से मेघदूत दबा पड़ा है शान्त एक तरफ़

बिहुँसि रहल अछि 'वाटरमैन'क पाँट
पियरका लेबुल सटने—
सभक बोझ माथापर धएने
निर्विकार अछि बाँसक फट्ठिक ई सस्तउआ मेज
ठामहि छइ समगोत्री चेयर
—ततबे धरि परितोष !
बइसि जाइ छी
बइसब नहि तऽ मगजिक उसिना कोना हेतइ तइआर ?
हम ही टा नहि, आनो अछि बुधिआर !

बिहँस रहा है 'वाटरमैन' का पाँट
पीला लेबुल लगाए—
सबका बोझा सिर पर उठाए
निर्विकार है बाँस की यह सस्ती मेज
पास ही है समगोत्री चेयर
—इतना भर ही परितोष !
बैठ जाता हूँ
बैठूँ नहीं तो कैसे हो पाएगा तैयार दिमागी खुराक ?
केवल मैं ही नहीं, दूसरे भी हैं होशियार !

आन्हर जिनगी !

आन्हर जिनगी
सेहंताक ठेङा सँऽ थाहए
बाट-घाट, आँतर-पाँतरकेँ
खुट खुट खुट खुट···

आन्हर जिनगी
चकुआएल अछि
ठाढ़ भेल अछि
युगसंधिक अइ चउबट्टी लग
सुनए विवेकक कान पाथिकेँ
अदगोइ-बदगोइ

आन्हर जिनगी
नाङड़ि आशाकेर कान्ह पर हाथ राखि कँऽ
कोम्हर जाइ छएँ ?
ओ गबइत छउ बटगवनी
तोँ गुम्म किए छएँ ?
तऽहुँ धऽले कोनो भनिता !

आन्हर जिनगी
शान्ति सुन्दरी केर नरम आङुरक स्पर्श सँऽ
बिहुँसि रहल अछि !

अंधी जिन्दगी

अन्धी जिन्दगी
लालसा की लाठी से लेती हुई थाह
बाट-घाट, परती-पाँतर की
खुट खुट खुट खुट···

अन्धी जिन्दगी
चकित है
खड़ी है
युगसन्धि के इस चौराहे के पास
सुनती हुई विवेक के कान लगाए
भला-बुरा

अंधी जिन्दगी
लँगड़ी आशा के कंधे पर धरे हाथ
किधर जा रही है ?
यह गावे 'बटगमनी'[1]
तू चुप क्यों है ?
शुरू कर दे तू भी कोई 'भनिता'[2] !

अंधी जिन्दगी
शान्ति सुन्दरी की नरम उँगली के स्पर्श से
बिहँस रही है !

---

1. राह चलते गाया जानेवाला लोकगीत। यथा—'भनई विद्यापति···'
2. प्राचीन कवियों द्वारा अपने पद के अंत में जोड़ा जानेवाला नाम।

खंड सफलताकेर सलच्छा सिहकी
ओकर गत्र-गत्रमे
टटका स्पंदन भरि देलकइए···

खंड सफलता के शुभ समीर ने
उसके अंग-अंग में
ताजा स्पंदन भर दिया है···

आजुक महाकारुणिक बुद्ध

आजुक महाकारुणिक बुद्ध
छपबइ छथि अपन वक्तव्य
अमेरिका-इंग्लैण्ड-फ्रांस-जापानमे
ने जानि, कत' कत' सँ अबइ छनि भक्त-अनुरक्त
जाइत छन्हि चढ़ा नानाविध नैवेद्य !
आजुक महाकारुणिक बुद्ध
पहिरि लइ छथि कउखन कउखन
शए टाकावला जोड़ा चढ़उआ चप्पल
ओढ़ि लइ छथि कउखन कउखन
हजार टाकावला जोड़ा पश्मीना चद्दरि
पाबि लइ छथि कउखन कउखन
आस्ट्रेलियाक सेब, इस्राइलक अंगूर
आजुक महाकारुणिक बुद्ध
रहइ छथि सदक्षण अपस्यांत
कुबेर लोकनिक हृदयकेँ द्रवित करबाक हेतु
अउनाएल घुरइ छथि दिवारात्रि
कलकत्ता-मद्रास-बंबई-दिल्ली
दिल्ली-बंबई-मद्रास-कलकत्ता
आजुक महाकारुणिक बुद्ध
ने जानि, कहिआधरि रूर्ण हेतइन हिनक भिक्षापात्र !
साठिसँ बेशिए भ' गेलइन वयःक्रम
आहि रओ बा !···कत' विश्वक कोन कोनमे
नुकाइलि छथि आजुक विशाखा मृगारमाता !
अपार वैभवक अधिस्वामिनी—
सहज द्रवणशीला, परम अनुरक्ता···
भेटथीन कहिआ धरि हिनका सेठानी विशाखा ?
के कहओ, कहिआ, सिद्धिक प्रतापेँ
अमावस्याक निबिड़ निशीथमध्य
आप्लावित क' देथिन
निरंजना नदीक बलुआही पाट
आजुक महाकारुणिक बुद्ध !

आज के महाकारुणिक बुद्ध

आज के महाकारुणिक बुद्ध
छपवाते हैं अपने वक्तव्य
अमरीका-इंग्लैण्ड-फ्रांस-जापान में
पता नहीं कहाँ-कहाँ के जुटते रहते हैं भक्त-अनुरक्त
चढ़ा जाते हैं नानाविध नैवेद्य !
आज के महाकारुणिक बुद्ध
पहन लेते हैं कभी-कभार
चढ़ावे में आई सौ रुपये जोड़े की चप्पल
ओढ़ लेते हैं कभी कभार
हजार रुपए कीमत की दोहरी पश्मीना चादर
पा लिया करते हैं कभी कभार
आस्ट्रेलिया के सेब, इस्रायल के अंगूर
आज के महाकारुणिक बुद्ध
रहते हैं सदा नाकोंदम
कुबेरों के हृदय द्रवित करने के पीछे
परेशान चक्कर लगाते हैं दिवारात्रि
कलकत्ता-मद्रास-बंबई-दिल्ली
दिल्ली-बंबई-मद्रास-कलकत्ता
आज के महाकारुणिक बुद्ध
नहीं मालूम, कब तक भर पाएगा इनका भिक्षापात्र !
साठ से अधिक की ही होगी उम्र
आह रे बा !···कहाँ विश्व के किस कोने में
छुपी हैं आज की विशाखा मृगारमाता !
अपार वैभव की अधिस्वामिनी—
सहज द्रवणशीला, परम अनुरक्ता···
मिलेंगी इन्हें कब तक सेठानी विशाखा ?
कौन कहे, कब सिद्धि के प्रताप से
अमावस्या के निविड़ निशीथ मध्य
आप्लावित कर देंगे
निरंजना नदी का रेतीला किनारा
आज के महाकारुणिक बुद्ध !

भिक्षाटन ? भिक्षाटन त हिनक महालीलाक
मामूली अभिनय थीक शतांश मात्र !

आजुक महाकारुणिक बुद्ध
केलिफोर्नियाक देहातमे
खेने रहथि खीर गौरांगी सुजाताक हाथें
बुद्धत्व-प्राप्तिसँ एक राति पूर्व !
तत्पश्चात् केने रहथि युगधर्म-चक्र-प्रवर्तन !
सउँसे सृष्टिमे, लागल पहुँचाबऽ
हिनक प्रवचनक एक एक आखर कें
भारत भूमिक दोरस बसात···
जूमऽ लगलथीन नहू-नहू
सारिपुत्र, मौद्‌गल्यायन, महाकाश्यप···
छलथीन आइलि शरणमे हिनको
नगरवधू आम्रपाली···
अपन परित्यक्ता यशोधरापर
भेल छलइन अंकुरित हिनको हृदयमे
अपरिसीम करुणा ··

साइन्सक पचफोड़नासँऽ छोंकल छइन
आजुक बुद्धक विवेक ओ संयम
शोधित छइन मैत्री भावना हिनक
अर्थशास्त्र-राजनीति आदिक पुटपाक सँऽ···
वियतनाम दिश केने पीठ,
तकइ छथि तिब्बत दिश
आजुक महाकारुणिक बुद्ध !

भिक्षाटन ? भिक्षाटन तो इनकी महालीला का
मामूली अभिनय है शतांशमात्र !

आज के महाकारुणिक बुद्ध ने
केलिफोर्निया के देहात में
ग्रहण किया था पायस गौरांगिनी सुजाता के हाथों
बुद्धत्वप्राप्ति से एक रात पूर्व !
तत्पश्चात् किया था युगधर्मचक्र प्रवर्तन !
संपूर्ण सृष्टि में लगा पहुँचाने
इनके प्रवचन के एक-एक अक्षर को
भारतभूमि का दोरस वातास···
जुटने लगे धीरे-धीरे
सारिपुत्र, मौद्‌गल्यायन, महाकाश्यप
आई थी इनके भी शरण में
नगरवधू आम्रपाली···
अपनी परित्यक्ता यशोधरा के लिए
अंकुरित हुई थी इनके भी हृदय में
अपरिमित करुणा···

साइंस के मसाले की पड़ी है छौंक
आज के बुद्ध के विवेक और संयम में
शोधित है मैत्री-भावना इनकी
अर्थशास्त्र राजनीति आदि के पुटपाक से
वियतनाम की ओर किए पीठ
देखते हैं तिब्बत की तरफ
आज के महाकारुणिक बुद्ध !

गीत

गगनक कोन-कोन केँ छापल

गगनक कोन-कोनकेँ छापल
घुमड़ि घुमड़िकँ अग-जग व्यापल
तन हुलसाबए
जिय सरसाबए
बादर कारी कारी
सुरुज-किरन पर करफू लागल
शुभ सोहाग धरती केर जागल
करु असनाने
धरु हुनि ध्याने
बादर कारी कारी
बिरहक मातलि सुनु सुनु सुंदरि
साजन घुरता, भेटत छाहरि
सबहिक दुखहर
साओन सुखकर
बादर कारी कारी

आकाश के कोने-कोने में छाये

आकाश के कोने-कोने में छाये
घुमड़-घुमड़कर सृष्टि के कण-कण में व्याप्त हो गए
तन में हुलास भरते
हृदय को सरस बनाते
काले-काले बादल
सूर्य-किरणों पर कर्फ्यू लग गया
धरती का शुभ सुहाग जग गया
स्नान करो
उनका ध्यान करो
काले-काले बादल
हे विरह की मातलि सुन्दरि, सुनो
साजन लौटेंगे, छाया मिलेगी
सबका दुख हरनेवाला
सुखद सावन
काले-काले बादल

अनसोहाँत ई कदमक फूल

अनसोहाँत ई कदमक फूल
हमर विधाता छथि प्रतिकूल
दिन बीतल तँ राति पहाड़
तिलकेँ देखल भे'लछि ताड़
की इच्छा अछि कहु कहु साजन
किए कठोर पिरीतिक शासन
विरह धुआँठलि हम अनबूझ
परम अभागलि, पथ नहि सूझ
के रोकत, हम जाएब संग

नहीं सुहाते ये कदम्ब के फूल

नहीं सुहाते ये कंदब के फूल
विधाता मेरे अनुकूल नहीं हैं
दिन बीता,तो रात पर्वत हुई
तिल को देखती हूँ, ताड़ हो गया है
हे साजन, कहो न, कहो न, क्या चाहते हो
प्रीति का शासन इतना कठोर क्यों ?
विरह के धुएँ से भरी मैं तो नासमझ हूँ
बड़ी अभागन हूँ, रास्ता नहीं सूझ रहा है
कौन रोक लेगा, मैं साथ ही चलूंगी

रति सङ निशि-दिन बसथि अनंग
प्रिय, यदि अहां रहब अनुकूल
बड़दिब लागत कदमक फूल

कामदेव भी रति के साथ दिन-रात रहा करते हैं
हे प्रियतम, यदि तुम अनुकूल रहे,
तो कदंब के फूल बड़े दिव्य लगेंगे

पुलिनक सेज, पड़लि छथि सरिता

पुलिनक सेज, पड़लि छथि सरिता
बिरह झमारिल, कृश, दुख-भरिता
मृदु सित सैकत पाटी शीतल
चेहरा-मोहरा नोरें तीतल
जीवन पथ छनि केहेन नमहर
नखत-प्रदीपित पातिल पुरहर
औथिन हुनि अभिभावक पावस
भरि जेथिन रस सहज दयावश
सुलभ हेतनि पुनि सागर संगम
करती सरिपहुँ सुख हृदयंगम
एखन झमारलि कृश दुखभरिता
पुलिनक सेज पड़लि छथि सरिता

रेत की सेज पर लेटी है सरिता

रेत की सेज पर लेटी है सरिता
विरह से झकझोरी हुई, दुबली, दुख से भरी
सुन्दर, श्वेत बालुकाराशि की शीतल पट्टी
मुखाकृति आंसू से भीगी हुई
लम्बा है जीवन-पथ कितना
नक्षत्रों से प्रदीपित मंगलकलश सँजोए
अभिभावक पावस आने वाले हैं
दयार्द्र होकर सहज ही रस छलका जाएँगे
सागर-संगम सुलभ हो पाएगा पुनः
सचमुच, सुख को हृदयंगम करेगी तब वह
अभी दुख से भरी, झझकोरी हुई
रेत की सेज पर लेटी है सरिता

श्यामघटा, सित बीजुरि-रेह

श्याम घटा, सित बीजुरि-रेह
अमृत टघार राहु अवलेह
फांक इजोतक तिमिरक थार
निबिड़ विपिन अति पातर धार
दारिदउर लक्ष्मी जनु हार
लोहक चादरि चानिक तार
देखल रहि रहि तड़ित-विलास
जुगुलकिशोरक उन्मद रास

श्याम घन, उजली बिजली की रेखा

श्याम घन, उजली बिजली की रेखा
पिघलते हुए अमृत को राहु बनाये दे रहा है अवलेह
अंधकार के थाल में रोशनी के फांक रखे हैं
घनघोर जंगल में बड़ी पतली-सी धारा
मानो लछमी ने दरिद्रा के गले में डाली हो माला
लोहे की चादर पर चाँदी के तार
रह-रहकर होने वाले विद्युत-विलास
जुगलकिशोर का उन्मद रास

धन घमंड गरजए चहुँ ओर

धन घमंड गरजए चहुँ ओर
कतए नुकाएल छथि चित्तचोर
दादुर धुनि सुनि फाटए कान
विरहक वेदन आन कि जान
दामिनि दमसए, फाटए मोन
कन्तकथाक भरोसे कोन
हरिअर बाध कि हरिअर बोन
छीलल हिय पर छीटए नोन
सुनु सुनु भामिनि तजिअने आश
सुपुरुख नहि तोड़थि विश्वास

घुमड़ते घनों का चतुर्दिक गर्जन

घन घुमड़कर गरज रहे हैं चारों दिशाओं में
चितचोर कहाँ छुपे हैं
मेढ़क की टर्र-टर्र सुनकर कान फटे जा रहे हैं
विरह-वेदना को दूसरा कैसे समझ सकता है
बिजली कौंधती है, छाती फटने लगती है
प्रियतम की बात का भरोसा ही कितना
हरे भरे खेत और हरे भरे वन
छिले हृदय पर छिड़कते हैं नमक
सुनो-सुनो हे नारी, आस मत छोड़
सुपुरुष विश्वास नहीं तोड़ते

सुजन नयन मनि

सुजन नयन मनि
सुनु सुनु सुनु धनि
मथित करिअ जनि
पिअ हिअ गनि गनि
शितशर हनि हनि
सुनु सुनु सुनु धनि
मनमथ रथ बनि
विपद हरिअ तनि
शुभ सद गुन खनि
सुनु सुनु सुनु धनि
सुजन नयन मनि

सुजन-नयन-मणि

सुजन-नयन-मणि
हे रमणी, सुनो, सुनो, सुनो
प्रियतम के हृदय को
गिन-गिनकर,
मार-मारकर बाण मत करो उद्वेलित
हे रमणी, सुनो, सुनो, सुनो
कामदेव का रथ बनकर
तनिक दुःख हरण करो
हे सद्गुणों की खान
सुनो, सुनो, सुनो
हे सुजन-नयन-मणि-रमणी

जय भारत जननी !

जय जय जय जय भारत जननी !
शत सहस्र संस्कृति-संगमनी !
जय जय जय जय भारत जननी !
शतश्रुति, शतगंधा, शतरूपा !
शत रस ओ शत परस[1], अनूपा !
शत शत शत शत दल संचारिणि !
विंध्य-हिमाचल शिखर-विहारिणि !
शत शत शस्य सुशोभित धरणी !
खनिज भरित, त्रिभुवन मन हरणी !
जय जय जय जय भारत जननी !
शत सहस्र संस्कृति संगमनी !
जय जय जय जय भारत जननी !

---

1. परस=स्पर्श, पारस पत्थर।

जय भारत माता !

जय जय जय जय भारत माता !
सुखमयि, सुन्दरि, सुमुखि, सुजाता !
जय जय जय जय भारत माता !
पदम पुहुप दल[1] आयत[2] लोचनि !
दरस[3] दान दारिद[4] दुख मोचनि !
केरल काशमीर धरि[5] पसरलि !
नगाभूमिसँ आगाँ ससरलि[6] !
दिशि-दिशि सागर चुंबित चरणा !
सिक्त शीश, हिमगिरि निर्झरणा !
कौस्तुभमणि सभ बिंध्य विराजित !
शत-शत छबि, शत शोभा साजित !
गति गंभीर ओ मति अवदाता !
जय जय जय जय भारत माता !

---

1. पदम पुहुप दल=पद्म पुष्पदल (कमल); 2. आयत=दीर्घ, बड़ी; 3. दरस=दर्शन (से);
4. दारिद=दरिद्रता; 5. धरि=तक; 6. ससरलि=सरक गई (फैली हुई)।

असंकलित रचनाएँ

शोक-श्रद्धांजलि

(महामहोपाध्याय पण्डित मुरलीधर झाजीक प्रति)

जाहि महाप्रभु पंडित राजक कीर्ति सुगन्धि सदा गमकैं अछि
पुण्य प्रताप कृपाणक धार समान सदा चमचम चमकैं अछि
से 'मुरलीधर' भूतल में नहिँ ई यदि कौखन ध्यान अबै अछि
तौँ पुनि देखि दशा निज देशक
जानथि ईश्वर कोँढ़ फटै अछि

जैखन नन्दनवन गेला मुरलीधर सन नाथ
मिथिला मैथिल मैथिली तैखन भेल अनाथ
तैखन भेल अनाथ आब भेटत की कैने ।
अछि क्रोधित भै काल व्याल मिथिला कैं धैने ॥
हमरा सबहिक पूर्ण कोश खाली तौँ तैखन ।
एहन-एहन नर रत्न, ताहि सौँ चलला जैखन ॥
अपने गेलहुँ जखन, रहल नहि बुधजन समितिक लाली ।
देवधाम कैं कैल अलंकृत मिथिला भेली खाली ॥

मिथिला/'29

शोक-श्रद्धांजलि

(महामहोपाध्याय पं० मुरलीधर झाजी के प्रति)

जिस महाप्रभु पंडितराज की कीर्ति सुगन्धि सदा गमके नित
पुण्य प्रताप कृपाण की धार समान सदा चमचम चमके नित
ऐसे 'मुरलीधर' नहीं हैं धरती पर यदि बात कभी मन आए
तो पुनि देख दशा निज देश की
जानें ईश्वर दिल दहलाए

नन्दनवन जब गए मुरलीधर-से नाथ
मिथिला मैथिल मैथिली—तब ही हुई अनाथ
तब ही हुई अनाथ कहें किस विधि क्या पाएँ
क्रोधित काल-व्याल के कब्जे में हम मिथिला भू को पाएँ
हम लोगों का सकल खजाना तब ही खाली
ऐसे-ऐसे रत्न जभी बिछुड़े हम खाली
आप गए तो बची न रही, बुधजन समिति की लाली
देवधाम को किया अलंकृत, मिथिला हो गई खाली ।

बाबाक विभूति

इन्द्र कुबेर डरैं भय कातर,
पातर भै भय जैतथि पीपरि,
काटि लितौं झट लोभहिं कें
ममता-मदकें पुनि दोमरि-तेमरि ।
घास लगाय गुदानब स्वर्गहुँ कें,
न सुमेरहुँ कें झिटुकी भरि,
ज गिरजापति देथि खसाय
विभूति खुसी भय कें चुटकी भरि ।

मिथिला-मित्र, उदय-1, किरण-3
साल 1338/ '30

बाबा की विभूति

इन्द्र कुबेर डर से हो कातर,
दुबला हो-हो जाता पीपर,
तुरत लोभ को ही लेता मैं काट,
फिर ममता-मद को भी बारंबार
तिनका-भर भी मैं न समझता स्वर्ग को,
न तो सुमेरू को ही कंकड़-भर,
यदि गिरा देते गिरजापति
हो प्रसन्न, अपनी विभूति चुटकी-भर ।

गीत

भगवन ! हमर ई मिथिला सुख शान्ति केर घर हो
आदर्श भै सभक ई इतिहास में अमर हो
जहि ठाम जाइ हम सब सिंहे तहाँ कहाबी
दुर्दान्त होइ सभठां केवल अहाँक डर हो
जग भरि सुनी नचारी तिरहुति महेशबानी
सभ केर कण्ठपथ मे मृदु मैथिलीक स्वर हो
अत्यन्त शक्तिशाली जे द्वीप अछि तहू पर
एहि देश केर भाषा ओ भेषहुक असर हो
पसरय एतय यथोचित अभिनव कला-कुशलता
प्रांतयोगिताक रण मे ई प्रान्त अग्रसर हो
अन्तिम विनय दयालो ! बस आब एकटा, जे—
ई पाग विश्व भरि में समकेर माथ पर हो ।

मैथिली सन्देश/ '33

जन्मभूमि

छी शरीरें दूर, किन्तु अहींक—
स्मरण सँ अछि भरल अन्तर्धाम !
चिर प्रवासी एहि आत्मज केर—
करब स्वीकृत अश्रु-सिक्त प्रणाम !

जीवनक उद्देश्य की, पथ कोन,
कैल निश्चित, मुदा भेल बिलम्ब !
बुझि पड़ल कल्याणमय, तेँ हेतु—
जा रहल छी एहि दिशि हम अम्ब !

होइ कोनहु ठाम, किछु भै जाइ;
रही बहुतो दूर वा 'नजदीक' !
बंधुगण बरु दुरदुराबथि, किंतु—
जननि, राखब भाव अहँ जननीक !

अहिक अणु-अणु सँ रचित जैं देह,
अहिक स्फूर्तिक स्पन्द जैं चैतन्य !
अहीं मिथिले ! जैं कि जन्मस्थान,
जैं कि मैथिल, धन्य तैं हम धन्य !

बिभूति/दिसम्बर, '37

गीत

भगवान ! मेरी यह मिथिला सुख शान्ति का घर हो
आदर्श हो सबों का इतिहास में अमर हो
हम सब जहाँ भी जाएँ हम सिंह ही कहलाएँ
दुर्दान्त होएँ हर जगह केवल तुम्हारा डर हो
जग भर सुनूँ नचारी तिरहुत महेश वाणी
हर एक कंठ-पथ में मृदु मैथिली मुखर हो
अत्यन्त शक्तिशाली जो द्वीप हैं, वहाँ भी।
इस देश की भी भाषा ओ' वेश का असर हो
फैले यहाँ यथोचित अभिनव कला कुशलता
प्रतियोगिता के रण में यह प्रान्त अग्रसर हो
अन्तिम विनय दयानिधि बस एक अब हमारी
यह पाग विश्व भर में हर एक शीश पर हो ।

जन्मभूमि

देह से तो दूर हूँ, पर हूँ तुम्हारा ही—
स्मरण से है भरा अन्तर्धाम !
चिर प्रवासी इस आत्मज का—
स्वीकार करना अश्रु-सिक्त प्रणाम !

उद्देश्य क्या इस जिन्दगी का, पथ कौन;
किया निश्चित, किंतु हुआ विलम्ब !
लगा है कल्याणमय, इस हेतु—
जा रहा इस ओर मैं हे अम्ब !

ठौर कोई भी रहे, कुछ हो जाय;
दूर कितनी भी रहूँ या 'पास' ।
बन्धु बान्धव दुरदुरावें किंतु—
जननी का भाव न छूटे बस तुमसे यह आस।

तुम्हारे ही अणु से रचित तन यह इसलिए
तुम्हारा स्फूर्ति-स्पन्दन यह चैतन्य
इसलिए कि जन्मभूमि तू, मेरी मिथिला
और मैं मैथिल, इसी से धन्य हूँ मैं धन्य !

अरुणोदय

जयति अरुणोदय !
जयति सिंदुरी-किरण !!
भय रहल रक्ताभ प्राची
अति मुदित मनसँ गबइ छथि भैरवि कत सव्यसाची
समुद्यत अधिकार-लाभ हेतु
इतर-साधारण क्रमहिँ भेल जाइछ
आक्रमणकारी तथा दुदांत
छाड़ि कऽ अनुताप-अनुनय, कऽ रहल संघर्ष
निकट अछि पापग्रहक अवसान
निकट अछि पुण्याह
निकट लछि जयमंगलाक विराट आविर्भाव
सफल होयत घटस्थापन आब
फाटि रहलइ-ए अन्हारक कोँढ़
जयति अरुणोदय, जयति सिंदुरी-किरण !

किरण-1/ '50; सन्निपात-8/ '86

अरुणोदय

जयति अरुणोदय !
जयति सिन्दूरी-किरण !!
हो रही रक्ताभ प्राची
अति मुदित मन से गा रहे हैं भैरवी कई सव्यसाची
समुद्यत अधिकार-लाभ हेतु
इतर साधारण क्रमशः हो रहे हैं
आक्रमणकारी तथा दुर्दान्त
छोड़कर अनुताप-अनुनय कर रहे संघर्ष
निकट है पापग्रह का अवसान
निकट है पुण्याह
निकट है जयमंगला का विराट् आविर्भाव
अब होगा, सफल घट-स्थापन
फट रहा है अन्धेरे का कलेजा
जयति अरुणोदय, जयति सिन्दूरी-किरण !

सिनुरिआ आम

दुइ फेंड़वला बुढ़बा गाछ ··
कोनइला तर ठाढ़ छी—
करइ अछि आकृष्ट मन केँ
डारि पर लटकल सिनुरिआ आम

काल्हि परसू आ' कि चारिम दिन जएतइ पाकि
पाबि सिहकी रात्रिशेषक
टभ्भ दए खसि पड़त चुप्पेचाप
के कहओ, लगतैक ककरा हाथ

किछु होअओ, भावीक चिन्ता नहि करी
एखन त झरकल नयनकेँ जुड़ा ली तत्काल
दिव्य ओ अभिराम
करइ अछि आकृष्ट मनकेँ डारि पर
लटकल सिनुरिआ आम !

किरण-1/ '50; सन्निपात-8/ '86

सिन्दुरिया आम

दो शाखोंवाला बूढ़ा पेड़···
कोनेवाले वृक्ष तले खड़ा हूँ—
कर रहा आकृष्ट मन को
डाल पर लटका सिन्दुरिया आम

पक जाएगा कल परसों या कि चौथे दिन
पाकर रात्रि-शेष की हल्की बयार
गिर पड़ेगा 'टुभ्भ' से चुपचाप
कौन कहे, लगेगा किस के हाथ

कुछ भी हो, भविष्य की चिन्ता क्या करना
अभी तो झुलसे नयन को जुड़ा लूँ तत्काल
दिव्य और अभिराम
कर रहा आकृष्ट मन को डाल पर
लटका सिन्दुरिया आम !

सुग्गा-मेना इन्स्टीच्यूट

बूढ़-बूढ़ ओ नामी नामी
सुग्गा सभ टाङल अछि अइ ठाँ
सभक आगू मे
राखल छइ पाकल तिलकोड़
पानि भरल चानीक कटोरी
लाल लाल मेरचाइ धएल छई
— केहन दिव सोनमणि सराइ बिच
नहि सम्हारि होइ छन्हि ताहू पर
अपसेन्ग्यात छथि ओगरवाह
से क' रहला अए ओ बेचारे
हा नारायण, हा नारायण !
मारि हबक्का
लाल लाल मेरचाइ खाइए
बिन काजें टें टें करइत अछि
बूढ़वा सुग्गा
देह हिलाबए
चंचु पिजाबए
उड़ि गेलइए रोइआँ पाँखिक
ताहू पर सेखीक अंत नहि !
नबका सुग्गा
गोड़ बीसेक की गोड़ तीसेक अछि
फूटे टाङल
ड'रे सकदम
आगू में अंकुरी छई राखल
टीनक बिझलग्गू रिकबी मे
एतबो पर नहिए सोहाइ छई
नवतुरिया दल बूढ़बा सभके
सुग्गा-मेनाक इन्स्टीच्यूटक
हाल देखि कें
दम सधने अछि देश
गुम्म अछि लोक
कथी ले केओ किछु बाजत !

चौपाड़ी, '54

सुग्गा-मैना इन्स्टीच्यूट

बूढ़े-बूढ़े, नामी-नामी
सुग्गे टँगे हैं इस जगह
सबके आगे
रखे हुए हैं पके तिलकोड़
पानी भरी कटोरियाँ चाँदी की
लाल लाल मिर्च पड़े हैं
— कितने दिव्य स्वर्णमणि तस्तरियों में
सँभाल नहीं पाते इस पर भी
परेशान है रखवाले
त्राहिमाम कर रहा बेचारा
हा नारायण, हा नारायण !
भर मुँह दाँत काटकर
लाल लाल मिर्च खा रहा
बिना काम का टें-टें करता है
बुढ़ा सुग्गा
देह हिलाता
चंचु पिजाता
झड़ गए हैं रोएँ पंख के
इस पर भी अन्त नहीं शेखी का !
नये सुग्गे
करीब बीस या तीस
अलग टँगें हैं
डर के मारे सर्द बने
आगे में अँकुरे चने पड़े हैं
टीन की जंग लगी रिकाबियों में
इतने पर भी नहीं सुहाते
'युवा वयस' दल इन बूढ़ों को
सुग्गा-मैना के इन्स्टीच्यूट का
हाल देखकर
दम साधे है देश
मौन हैं लोग
क्योंकर कोई कुछ बोलेगा !

तीव्र विषाक्त विलक्षण गन्धी

हरित-श्याम शाद्वल जंगल केर
माझा माझी
पातर-छीतर पिच्च रोड
बंकिम भंगीमे
कते दूर धरि पसरल अछि इ
गोबर सँ नीपल आङन में
मन्थर गतिए
ससरि रहल हो
ऋजु-आयत नमहर करइत जनु !
सर सर सर सर सर सर आइलि
बेबी आस्टिन !
बढ़ल अपन आगू मुहेँ पथ पर···
तीव्र विषाक्त विलक्षण गंधी
पाबि महक पेट्रोलक तत्क्षण
बउगए लागल घ्राणशक्ति
अवचेतन मोनक दोग-दोग मे
होइतहिं अतिचेतन अंतस्तल लहरए लागल
बेबी आस्टिन ! बेबी आस्टिन !!
बेबी आस्टिन !!!
दृष्टि शून्य छल
वन वैभव सेहो छल शून्ये
नहि कहबे···
अभ्यस्त चरण एक पेड़िआ ध' कएँ
पहुँकल कोना अपन वासा धरि !

चौपाड़ी/ '54

तीव्र विषाक्त विलक्षण गंधी

हरित-श्याम शाद्वल जंगल के
बीचोबीच
पतली-सी यह पक्की सड़क
बंकिम भंगी में
कितनी दूर तक फैली है
गोबर से लिपे-पुते आँगन में
मंथर गति से
सरक रहा हो
ऋजु-आयत लम्बा करते ज्यों !
सर-सर-सर-सर-सर सर आयी
बेबी आस्टिन !
आगे बढ़ी चली निज पथ पर···
तीव्र विषाक्त विलक्षण गंधी
पाकर महक पेट्रोल की तत्क्षण
लगी दौड़ने घ्राणशक्ति
अवचेतन मन की फाँक-फाँक में
अतिचेतन होते ही चलने लगा अन्तस्तल,
बेबी आस्टिन ! बेबी आस्टिन !!
बेबी आस्टिन !!!
दृष्टि शून्य थी
और शून्य था वन-वैभव भी
कह न सकूँगा···
अभ्यस्त चरण पगडंडी होकर
कैसे पहुँच गए बासा तक !

मुक्तक

चोट सहइ छथि निट्ठुर हाथेँ धीपल फार जकाँ
कोन कानमे राखल छथि टूटल ग्रिमहार जकाँ
सरिआ कँ नहि बाजि होइन्हि बिन कसल सितार जकाँ
देखऽटा मे फोंकगर धुम्मा धानक नार जकाँ

फुच्च रहथि दोरस बसातमे तानल पाल जकाँ
गजबजाइ छन्हि मोन मुदा भदवारिक थाल जकाँ

मुक्तक

चोट सह रहे निष्ठुर हाथों तपे हुए फाल की तरह
किसी किनारे पड़े उपेक्षित भग्न ग्रिमहार की तरह
बोल नहीं पा रहे ठीक से बिन कसे सितार की तरह
मात्र देखने में ये धान के मोटे खोखले नाल की तरह

दोरुखी हवा में टर्र रहते हैं तने पाल की तरह
बजबजा रहा मन लेकिन भादों के सड़े पाँक की तरह

सौंसे देह दिनाए, चाम छन्हि जिमड़क छाल जकाँ
अपना कें भरिआबथि तई पर नारक टाल जकाँ

बदन समूचा दाद भरा, त्वचा जीमड़ की छाल की तरह
ऊपर से भारी बनते नाल की टाल की तरह

हुनक मुखाकृति छन्हि प्रसन्न दीपित अहिवात जकाँ
हमर कोँढ़ मुल थर-थर कपइछ कड़रिक पात जकाँ
हम उदास हथियामे झपसी लाधल प्रात जकाँ
ओ सिहकइ छथि मुदा वसन्तक मधुर बसात जकाँ

मुखड़ा उनका है प्रसन्न दीप्त सुहाग की तरह
काँप रहा पर हृदय हमारा करड़ी के पात की तरह
हम उदास हैं हथिया की झड़ी वाले प्रात की तरह
वे हैं कि बस सिहक रहे हैं वासन्ती मधु बयार की तरह

टन टन टन टन बाजथि कनिञा सेदल ढोल जकाँ
देखऽ मे महकारी प्रकृतिक कब-कब ओल जकाँ
तूर तुमइ छथि मुँह भरि औने कुँड़वा डोल जकाँ
पटुआ पर बैसलि बिनु काजे फलकल खोल जकाँ

टन-टन बोले दुल्हन, सिके ढोल की तरह
देखने में महकारी, स्वभाव से कब-कब ओल की तरह
रुई तुनती, मुँह लटकाए कुड़वा डोल की तरह
बिना काम पीढ़े पर बैठी फूली खोल की तरह

विद्यापति के देश में/ '55

जय-जय भारत ! जय हिन्द भूमि !
सीरभ हिममय उत्तुंग श्रृंग,
जलनिधि गद-गद पद चूमि-चूमि !
आरती छथुन करइत रवि-शशि,
नद-नदी बहइ छहु घूमि-घूमि
विन्ध्याद्रि बीचमे पसरल-सन,
तरुवर अगणित रहलाह झूमि
थिक माटिक ई तासरि एतए
त्रिभुवन लक्ष्मी छथि गेल जूमि
लगवे करतइ वैभवक ढेर
साधन ओ श्रम तूमि तूमि
जय भारत, जय जय हिन्द भूमि !

जय जय भारत ! जय हिन्द भूमि !
सिरहाने हिममय उत्तुंगश्रृंग,
जलनिधि गद-गद पद चूम-चूम
कर रहे आरती हैं रवि-शशि,
नद नदियाँ बहती घूम-घूम
विन्ध्याद्रि बीच में फैली सी,
तरुवर अगणित हैं रहे झूम
मिट्टी की यह तासीर यही,
त्रिभुवन लक्ष्मी आ गयी स्वयं
लग जाएगा अब विभव ढेर,
साधन और श्रम ताम-तूम
जय जय भारत, जय जय हिन्द भूमि !

वैदेही/जनवरी, '55

निखिल विश्व प्रिय, निखिल भूमि प्रिय,
निखिल लोकप्रिय हमरा
तइओ अपने माटिक सउरभ लए आकुल मन भमरा
सभ सँऽ प्रिय निज देश ।
कतहु करी निरवाह जनम भरि, पाकओ कहुँ बरु केश
तहुँ प्रिय अपन देश ।
कतहु रही पँऽ जन्मभूमि लए सदिखन आकुल प्राण
अपना लोकक हित में देखी हम विश्वक कल्याण

निखिल विश्व प्रिय, निखिल भूमि प्रिय
जन समस्त प्रिय मुझको
फिर भी मन भौंरा आकुल है निज मिट्टी सौरभ को
सबसे प्रिय निज देश ॥ ध्रुव ॥
कहीं करें निर्वाह जन्म भर, पके कहीं भी केश
प्रिय अपना ही देश
कहीं रहे पर जन्मभूमि हित प्रतिक्षण आकुल प्राण
निज जनगण हित पड़े दिखाई मुझे विश्व कल्याण

यश-अपयश हो, लाभ-हानि हो, सुख हो अथवा शोक
सभ सँ पहिने मोन पड़ई अछि अपने भूमिक लोक
बड़ प्रिय अपन देश !
सभसँ प्रिय निज देश !

यश-अपयश हो, लाभ-हानि हो, सुख हो अथवा शोक
सबसे पहले याद आते हैं निज धरती के लोग
बड़ा प्रिय निज देश।
सबसे प्रिय निज देश !

वैदेही/जनवरी, '55

पुनि पुनि पसरओ

दुख-दुविधाक उदधि में उब डुब करइत अछि संसार
कुमति-घृणा-हिंसा-सन्देहक लागल बेश पथार
पुनि-पुनि पसरओ सबठाँ हे प्रभु आभा अमित अहाँक
प्रक्षालित भए जाइक जन-मन सँ अज्ञानक पाँक
नोनी लगऊ ढहऊ जाति-पाँतिक ई घातक भीत
केओ ककरो बहरी नहि होउक, होउक सभक सब मीत
द्वेख-जनित पीड़ा सँ ककरो आँखिन होइक गील
व्यक्ति निबाहओ, राष्ट्र निबाहक पंचशील-दशशील
बाधा-बन्धन हीन प्रीति सँ नष्ट होइक छल-छद्म
मैत्रीटा सँ विकसित होइक कोटि-कोटि मुख पद्म
जन-जन मे उद्वेलित होइक करुणा-पाराबार
सत्य अहिंसा सँ धवलित होइक सगरे संसार
जय-जय महामानव, जय-जय हे करुणा सिन्धु
हटओ कुमति मल पाबि अहिंक प्रज्ञा पीयूषक बिंदु
विश्व शांति लए फेर अहिंक उपदेश बनओ आधार
जय जय हे अमिताभ बुद्ध जय जय हे शीलागार
पुनि पुनि पसरओ हे प्रभु सबठाँ आभा अमित अहाँक
प्रक्षालित भए जाइक जनजीवन सँ दुखक पाँक

पल्लव-1/जून, '56

फैले बारंबार

दुख-दुविधा के उदधि बीच में उब-डूब करता है संसार
कुमति-घृणा-हिंसा-शंका का लगा खूब अम्बार
आभा अमित आपकी हे प्रभु फैले बारम्बार
धुल जाएँ जन मन से पंकिलतम अज्ञान अपार
नोनी खाये ढहे जात-पात की यह घातक दीवार
कोई किसी के न हों बेड़ी हों सबके सब यार
आँख किसी की गीली न हो द्वेष-दर्द से होकर तबाह
पंचशील औ' दस शीलों का करे व्यक्ति, राष्ट्र निर्वाह
बाधा-बन्धनहीन प्रीत से हो समाप्त छल-छद्म
केवल मैत्री से विकसित हो कोटि-कोटि मुख पद्म
जन-जन में उद्वेलित होए करुणा पाराबार
सत्य अहिंसा से धवलित हो यह सारा संसार
जय-जय महामानव, जय जय हे, करुणा के सिन्धु
हटे कुमति-मल, पाकर तेरी प्रज्ञा और पीयूष की बिन्दु
विश्व-शांति के लिए पुनः उपदेश तुम्हारा हो आधार
जय जय हे अमिताभ बुद्ध जय-जय हे शीलागार
आभा अमित आपकी हे प्रभु फैले बारम्बार
धुल जाएँ जन-जन से जीवन से पंक दुख के भार

उपहार

निविड़-तिमिर जल
ज्योति सहस दल
अरुणोज्ज्वल पीताभ किरण सँ दीप्त भेल संसार
रग-रग कुंचित

उपहार

निविड़-तिमिर जल
ज्योति सहस दल
अरुणोज्ज्वल पीताभ किरण से दीप्त हुआ संसार
रग रग कुंचित

शोणित सिंचित
आहत मानवता करइत अछि बुद्धक जय जयकार
शील सुगंधित
कण-कण बंदित
भारत माता देथु विश्‍व के सुख-शांतिक उपहार।

पल्लव-1/जून, '56

शोणित सिंचित
आहत मानवता करती है जयति बुद्ध जयकार
शील सुगंधित
कण-कण बंदित
देवे जग को भारत माता, सुख और शांति उपहार

गीत

दुर-दुर छीआ ! छीआ ! छीआ !
महग सिलेट, महग अछि पिनसिल, महग ककवा कीआ
बेटा कोना पढ़त, बियाहलि जैती कोना धीआ
बीतल सौन भेल नहि बरखा जरि गेल सबटा बीआ
बंभोला तहूँ बनि गेला हमरा लै अनठीआ
डिड़िआई छ सब खाली पेटैं कोनाक बचतइ जीआ
बाबू भइया जुलुम करइ छथि के करऽत तसफीआ
दुर-दुर छीआ ! छीआ ! छीआ !

गीत

दुर-दुर ! छी-छी ! छी-छी ! छी-छी !
महँगी स्लेट पेंसिल महँगी कंघी सिन्दुरदान।
पूत पढ़ेंगे अब कैसे, कैसे हो कन्यादान ॥
बीता सावन, जल गए बिचड़े, बादल बरस न पाये
बमभोले बन बैठे हो तुम भी अजनबी पराये
डगर डगर चिल्लायें भूखे कैसे जान बचे जी।
बाबू भैया जुलम ढा रहे, निर्णय कौन करे जी ॥
दुर-दुर ! छी-छी ! छी-छी ! छी-छी !

एतेʼ दिनुका बाद

बहुत दिनुका बाद—
सुवासित खोपाक सौरभ
रतुठिया मुस्कीक झलकी
जित्त आङक मृदुल-मादक स्पर्श
भेल सभथुक संगहि संग अनुभूति
बहुत दिनुका बाद

एते दिनुका बाद
एना की तोँ मोन पड़ली प्राण ?
एना की तोँ आबि सोझे भऽ गेलीहे ठाढ़ि
सम्हारी पपनी कोना कऽ आब नोरक बाढ़ि
देखै छी ई स्वप्न अथवा
भऽ रहल अछि सहज साक्षात्कार ?
के कहत, ओझरा देलक कवि-चेतना केँ
अपरिचित महिलाक कुन्तल-जाल ?

इतने दिनों बाद

बहुत दिनों के बाद
सुवासित जूड़े का सौरभ
रतजगी मुस्कान की झलक
जीवित अंग का मृदुल मादक स्पर्श
हुई सबकी एक साथ ही अनुभूति
बहुत दिनों बाद

इतने दिनों के बाद
इस तरह क्या तुम याद आयी प्राण ?
इस तरह क्या तुम आकर सीधे हो गयी हो खड़ी
पलकें किस तरह सम्हालें अब आँसू की झड़ी
देख रहा हूँ यह स्वप्न अथवा
हो रहा है सहज साक्षात्कार ?
कौन कहे उलझा दिया कवि चेतना को
अपरिचिता का कुन्तल-जाल ?

कँ कहत, हम भाङ पीने रही सन्ध्याकाल ?
किछु होअऽ, तोँ बहुत दिनुका बाद
मोन पड़ली प्राण !
सुवासित खोपाक सौरभ, धन्य
रतुठिया मुस्कीक झलकी, धन्य
जित्त भाङक मृदुल-मादक स्पर्श सेहो धन्य
सुकोमल संबोधनक स्वर-संधि सेहो धन्य
स्वप्न वा जागरणमे
कोनहुना त भेल साक्षात्कार
कोनहुना तँ भेली तोँ साकार
एते दिनुका बाद, एते दिनुका बाद

मिथिला मिहिर/15 सितंबर, '60

कौन कहे पी ली थी मैंने भंग संध्या काल
रहे कुछ भी, बहुत दिनों बाद
याद आयी प्राण !
सुवासित जूड़े का सौरभ धन्य
रतजगी मुस्कान की झलक धन्य
जीवित अंग का मृदुल मादक स्पर्श भी धन्य
सुकोमल सम्बोधनों की स्वर-संधि भी धन्य
स्वप्न वा जागरण में
किसी तरह तो हुआ साक्षात्कार !
किसी तरह तो हुईं तुम साकार
इतने दिनों बाद, इतने दिनों बाद !

ओ तँ थिका दधीचिक हाड़

महात्मा गान्धी
राष्ट्रपिता हमरा लोकनिक
छथि बड्ड पैघ···
देखू हुनका चौरंगीक कात में ठाढ़
मास थिकइ अखाढ़
भीजइ छथि बर्खा-बुन्नी में बापू !
गलतइ त नहिए
प्रतिमा थिकई धातुक
मुदा तेँ की ?
लागत नहीं अनसोहाँत ई दृश्य
कने दूर हटिक अही मैदान मे
चमकइए दुग्ध धवल विक्टोरिया टेम्पुल
आउ, एम्हर आउ !
लग आउ, भीतर आउ !
दर्शन करू राजराजेश्वरीक···
चित्त हैत निर्मल !
प्रपितामहि एलिजाबेथक···
करथु कल्याण हमरा लोकनीक
ई कथी लए भिजती बर्खा-बुन्नी मे कहिओ !
हिनका किए लगतइन बैशाखक रौद
हिनका किए लगतइन पूसक पाला

वे तो हैं दधीचि की अस्थि

महात्मा गांधी
राष्ट्रपिता हमारे
हैं बहुत बड़े···
देखो उन्हें चौरंगी के किनारे खड़े
महीना है आषाढ़ का
भीग रहे हैं वर्षा-पानी में बापू !
गलना तो है नहीं
प्रतिमा है धातु की
मगर इससे क्या ?
असंगत नहीं लगेगा यह दृश्य ?
थोड़ी ही दूर हटकर इसी मैदान में
चमक रहा है दुग्ध-धवल विक्टोरिया तेम्पुल
आओ इधर आओ !
करीब आओ, अन्दर आओ !
दर्शन करो राजराजेश्वरी के···
निर्मल हो जाएगा चित्त !
परदादी एलिजाबेथ की···
हमारा कल्याण करे
वे क्यों भीगें वर्षा-पानी में कभी भी !
इन्हें क्यों लगेगी वैशाख की धूप
इन्हें क्यों लगेगा पूस का पाला

आउ, भीतर आउ
दर्शन करू हिनकर !
बिसरि जाउ भिजइ छथि गान्धी···
ओ त थिका दधीचिक हाड़
रहथु मने ठाढ़
मैदानक कतवहि मे खुल्लम-खुल्ला !

वैदेही/सितंबर, '63

आओ अन्दर आओ
दर्शन करो इनके !
भूल जाओ भीगते हैं गान्धी···
वे तो हैं दधीचि की अस्थि
रहें भले खड़े
मैदान के एक किनारे—खुल्लम् खुल्ला !

देखल सपनामे

सपनामे देखल
मुंड मालिनी चामुण्डा
हाथ मे लेने बड़ीटा त्रिशूल
ठाढ़ि छथि कंचनजंघाक माथ पर
उत्तराभिमुख !

सपनामे देखल
चामरवला अँड़िब्बा करिया बरद
चढ़ि रहल छल उपर कैलाश दिस
लपेटल छै दुनू सीङमे
रेशमी तिनरंगा !

सपनामे देखल
सुन्न छनि बेदी, खाली छनि मंडप,
सीमा दिश गेल हेता सल्हेश···
हिनहिनाइत रहनि घोड़ा ओम्हरे !

मिथिला मिहिर/अगस्त, '63

देखा सपने में

सपने में देखा
मुंडमालिनी चामुण्डा
हाथ में लिए बड़ा सा त्रिशूल
खड़ी हैं कंचनजंघा के सिर पर
उत्तराभिमुख !

सपने में देखा
चँवर वाला अँड़िअल काला बैल
चढ़ रहा है ऊपर कैलाश की दिशा में
लपेटा हुआ है दोनों सिंग में
रेशमी तिरंगा !

सपने में देखा
सूनी है बेदी, खाली है मंडप
सीमा की ओर गए होंगे सलहेश···[1]
उधर ही हिन-हिना रहा है घोड़ा !

अन्तिम दर्शन : डॉ० अमरनाथ झाक

रिक्त कऽ गेलहुँ अप्पन क्षेत्र !
तकै छी आबहुँ अपलक नेत्र !
लेल अछि जे अन्तिम निःश्वास

अन्तिम दर्शन : डॉ० अमरनाथ झा का

रिक्त कर गए अपना क्षेत्र !
देखता हूँ अब भी अपलक नेत्र !
ले लिया है आपने अन्तिम निःश्वास

1. मिथिला के दुसाध जाति के देवता।

हौइछ मिसियो भरि नहि विश्वास !
सूर्य मिथिलाक, भारतक चन्द्र !
निखिल विश्वक हे अनुपम दीप
सुपरिचित रहय अहांक निमित्त
जड़ि प्रज्ञाक, विवेकक छीप
ओह ! झा साहेब, इ की कयल ?
अनेरे की अन्तक पथ धयल ?
अहांकें रहय अभाव कथीक ?
मांटि-जल ई लागल नहि नीक ?
समय कुसमय हुरपेटथिन राहु
डांटि की सकथिन शरदक इन्दु ?
पड़ल रहतैं सितुआ मुंह बाबि
पऽरि नहि लगतैं स्वातीक बिंदु
मनुष्यत्वक ओहने अभिमान
देखाओत आब कतऽ के आन
कोन ठां छाहरि तर असंख्य
नवांकुर पाओत जीवन-दान
ओह ! झा साहेब ई की कयल
रिक्त कऽ गेलहुं अप्पन क्षेत्र !
तकै छी आबहुं अपलक नेत्र !

मिथिला मिहिर/16 फरवरी, '64

नहीं हो रहा है तनिक भी विश्वास !
सूर्य मिथिला के, भारत के चन्द्र !
निखिल विश्व के हे अनुपम दीप
सुपरिचित थी आपके लिए
विवेक की शिखा प्रज्ञा की जड़
आह ! झा साहेब, यह क्या किया ?
यूं ही क्या, अन्तिम रास्ता धर लिया ?
किस बात का अभाव था आपको ?
यह मिट्टी, यह जल रूचा नहीं आपको ?
समय-कुसमय चपेट में लेगा राहु
डांट क्या सकेगा शरद का इन्दु ?
पड़ी रहेगी सीपी मुंह खोले
मिल नहीं पाएगा स्वाती की बिन्दु
मनुष्यत्व का वैसा ही अभिमान
दिखायेगा अब कौन आपके समान
किस जगह छांह तले असंख्य
नवांकुर पायेंगे जीवन-दान
आह ! झा साहेब, यह क्या किया
रिक्त कर गए अपना क्षेत्र !
देखता हूं अब भी अपलक नेत्र !

विहुँसै छी हम !

"कालिह रही अहां क्रान्तिकारी
मुदा आइ भय गेल छी देशद्रोही !"
चिचियाकऽ तों कहै छह
हम सुनै छी
बिहुँसै छी हम !

कालिह छल अहांक हाथमे अग्निवीणा
आइ मुदा पिटै छी फाटल सुखायल बांस
चिचियाकऽ तों कहै छह
हम सुनै छी
बिहुँसै छी हम !
वेश, वेश, वेश

विहुँसता हूँ मैं

"कल थे आप क्रांतिकारी
मगर आज हो गए हैं देशद्रोही ।"
चिल्लाकर तुम कहते हो
मैं सुनता हूँ
विहुँसता हूँ मैं !

"कल तक थी आपके हाथों में अग्निवीणा
लेकिन आज पीट रहे हैं फटे सूखे बांस···"
चिल्लाकर तुम कहते हो
मैं सुनता हूँ
विहुँसता हूँ मैं !
हां भाई, ठीक है, ठीक है, ठीक है

बुझले अछि हमरा
हे अभिनव क्रांतिशिल्पी
एखन हमरा दैत छह गारि
मुदा सांझखन
दू गोट छौंडीक सङे
लोकक नजरि बचा कॅऽ
देखबह गऽ सड़लहा फिल्म !

मिथिला मिहिर/19 जुलाई, '64

मालूम ही है मुझे
हे अभिनव क्रांति-शिल्पी
अभी मुझे दे रहे हो गालियाँ
मगर शाम गए
दो अदद छोकड़ियों के साथ
नजर बचाकर लोगों की
देखने जाओगे सड़ी-गली फिल्म !

सभागाछी

सांझ धरि
गनगनाइत रहए सभागाछी
रातिमे मुदा नीरव-निर्जन अरण्य भेल···
अनवरत वर्षा सँ भीजि गेलै माँटि-दूभि···
आन की किछु मोन पड़त हमरा कहियो
मोन पड़त खाली
शत-सहस्र कलकतियाक आँठी
चारि बैटरीवला टार्चक इजोत में···
अभिभावक लोकनिक
दामी अहंकारक निठुर प्रतीक !

मिथिला मिहिर/19 जुलाई, '64

सभा गाछी

शाम तक
शोर-शराबे से गूँजती रही सभा गाछी
मगर रात गए नीरव-निर्जन अरण्य हुई···
भीग गयी माटी और दूब अनवरत वर्षा से···
सिवाय इसके और कुछ याद आएगा कभी
याद आएगी केवल
शत-सहस्र 'कलकतिया' आम की गुठलियाँ
चार बैटरी वाले टार्च के प्रकाश में···
अभिभावकों के
कीमती अहंकार के निठुर प्रतीक !

ठाम-ठाम

ठाम-ठाम
खाली राखल अछि भस्म-कलश
पुष्पगुच्छ-पल्लव राशि
पहुँचि गेल होयत हिन्द महासागर धरि

ठाम-ठाम
ओखन भिजैत होयतैक आँखिक कोर
तकैत होयतैक लोक ग्रीष्मान्त मेघ दिस

ठौर-ठौर पर

ठौर-ठौर पर
खाली है भस्म-कलश
पुष्प गुच्छ-पल्लव राशि
पहुँच गए होंगे हिन्द महासागर तक

ठौर-ठौर पर
अभी भी भीग रहे होंगे आँखों के कोर
देख रहे होंगे लोग ग्रीष्मान्त मेघ की ओर

मोने-मोन लैत अहाँक नाम
अबैत होयतैक चेतनामध्य
अद्‌भुत ओ नाटकीय व्यक्तित्व
ठाम-ठाम
बुझैत होयताह जाल
कूटनीति विशारद, देशी-विदेशी
भिड़बैत होयताह चालि दोमरि-तेमरि

ठाम-ठाम
चमकैत होयत नाम
बिजलीक सतरंगी ट्यूब मे

मिथिला मिहिर/28 जून, '64

मन ही मन लेते तुम्हारा नाम
उभरते होंगे चेतना मध्य
अद्‌भुत वह नाटकीय व्यक्तित्व
ठौर-ठौर पर
समझ रहे होंगे जाल
कूटनीति विशारद देशी-विदेशी
चल रहे होंगे चाल दुबारे-तिबारे

ठौर-ठौर पर
चमक रहे होंगे नाम
बिजली की सतरंगी ट्यूब में

कनैत अछि गुलाब

कनैत अछि गुलाब
के करतैक दुलार
कंटकित वृन्त केँ ?

कनैत अछि गुलाब
अनवरत के बुझतैक
अन्तर्वेधी मुकुलित सौरभ ?

कनैत अछि गुलाब
मृदुताकेँ करतैक अंगीकार
कतऽ कोन संकल्प-दीपित वक्ष ?

कनैत अछि गुलाब
के हँटौतैक आब
जन्मजात अभिशाप ?

कनैत अधि गुलाब
सुनतैक के ध्यान सँ
गमलाक अरण्यरोदन ?

मिथिला मिहिर/28 जून, '64

रो रहा है गुलाब

रो रहा है गुलाब
कौन करेगा दुलार
कंटकित वृन्त को ?

रो रहा है गुलाब
अनवरत समझेगा कौन
अन्तर्वेधी मुकुलित सौरभ ?

रो रहा है गुलाब
मृदुता को करेगा अंगीकार
कहाँ, कौन, संकल्प-दीपित वक्ष ?

रो रहा है गुलाब
कौन हटाएगा अब
जन्मजात अभिशाप ?

रो रहा है गुलाब
सुनेगा कौन ध्यान से
गमले का अरण्यरोदन ?

दोहाई हे 'लिबर्टी' मैया…

नाङड़ छी हमरालोकनि
हमरालोकनि लुल्ह छी
अन्न दियऽ, औषध दियऽ
हर दियऽ, फाड़ दियऽ
सुइ दियऽ, धार दियऽ
बढ़िया हथियार दियऽ
दोहाइ हे लिबर्टी मैया, पातालनिवासिनी देवी !

गहूम दियऽ, धान दियऽ
रथ दियऽ, विमान दियऽ
पूआ-पकमान दियऽ
गूआ दियऽ, पान दियऽ
सुरुज दियऽ, चान दियऽ
साँझ दियऽ विहान दियऽ
ज्ञान दियऽ, प्राण दियऽ
दोहाइ हे लिबर्टी मैया, पातालनिवासिनी देवी !

जेट दियऽ, टैंक दियऽ
मिल दियऽ बैंक दियऽ
बिजुलीक मशान दियऽ
तिनमहला मकान दियऽ
भीमसेनी पेट दियऽ
बिना धोधिक सेठ दियऽ
दोहाइ हे लिबर्टी मैया, पातालनिवासिनी देवी !

पड़ल छी, उठा दियऽ
बैसल छी, चला दियऽ
सूतल छी, जगा दियऽ
अलाइ-बलाइ भगा दियऽ
मूर्ख छी, पढ़ा दियऽ
आगू मुँह बढ़ा दियऽ
हाथ ने हिलै अछि
माथ ने हिलै अछि
दियऽ अहाँ इन्जेक्शन

दुहाई हे 'लिबर्टी' मैया…

लंगड़े हैं हम लोग
हम लोग 'अपंग' हैं
अन्न दें, औषधि दें
हल दें, फाल दें
सूई दें, नोक दें
बढ़िया हथियार दें
दुहाई हे लिबर्टी मैया, देवि पातालनिवासिनी !

गेहूँ दें, धान दें
रथ दें, विमान दें
पूए-पकवान दें
गूआ[1] दें, पान दें
सूरज दें, चान दें
साँझ दें, विहान दें
ज्ञान दें, प्राण दें
दुहाई हे लिबर्टी मैया, देवि पातालनिवासिनी !

जेट दें, टैंक दें
मिल दें, बैंक दें
विद्युतीय श्मशान दें
तिनतल्ला मकान दें
भीमसेनी पेट दें
तोंदहीन सेठ दें
दुहाई हे लिबर्टी मैया, देवि पातालनिवासिनी !

लेटा हूँ, उठा दें
बैठा हूँ, चला दें
सोया हूँ, जगा दें
अला-बला भगा दें
मूर्ख हूँ, पढ़ा दें
आगे को बढ़ा दें
हिलते हैं हाथ नहीं
हिलता है माथ नहीं
दें आप इन्जेक्शन

---

1. सुपारी

होइ हम टनमन
दोहाइ हे लिबर्टी मैया, पातालनिवासिनी देवी !

सिगारक धूप लियऽ
मरकरीक दीप लियऽ
अण्डाक खीर लियऽ
नीराक नीर लियऽ
बलि लियऽ मनुक्खक
बाढ़ि आबओ दुक्खक
आइ लियऽ वियतनाम
कालिह लियऽ नेफा-आसाम
परसू लेब काश्मीर
हिन्दू कुश-पामीर
बढ़ाउ अपन आँचर
धन्न होअओ चर-चांचर
दोहाइ हे लिबर्टी मैया, पातालनिवासिनी देवी !

बचाउ हमरा चीन सँ
बचाउ पाकिस्तान सँ
बचाउ हमरा रूस
ब्रिटेन जापान सँ
बचाउ हमरा अप्पन
फौजक जवान सँ
काज हमर चलैत रहय
अहींक देल दान सँ
बाजि हम आबि गेलहुँ
अप्पन इमान सँ
दोहाइ हे लिबर्टी मैया, पातालनिवासिनी देवी !

मिथिला मिहिर/19 दिसम्बर, '65

उठें हम दनादन
दुहाई हे लिबर्टी मैया, देवि पातालनिवासिनी !

सिगार के धूप लें
मर्करी के दीप लें
अण्डे का खीर लें
नीरा का नीर लें
बलि लें लोगों की
बाढ़ आए रोगों की
आज लें वियतनाम
कल ले लें नेफा-आसाम
परसों लेना काश्मीर
हिन्दू-कुश-पामीर
बढ़ावें अपना आँचर
धन्य हो चर-चांचर[1]
दुहाई हे लिबर्टी मैया, देवि पातालनिवासिनी !

बचाएँ हमें चीन से
बचाएँ पाकिस्तान से
बचाएँ हमें रूस,
ब्रिटेन-जापान से
बचाएँ हमें अपने
फौज के जवान से
चलते रहें काम सारे
आपके ही दिए दान से
आ गए बाज हम
अपने ईमान से
दुहाई हे लिबर्टी मैया, देवि पातालनिवासिनी !

आहि रे कर्म !

कोना क' मोन पड़थु अन्नपूर्णा बेचारो ?
सरिपहुँ की रहइन हुनका
सोनाक बट्टुक ?

हाय री किस्मत

कैसे याद आए बेचारी अन्नपूर्णा ?
सचमुच क्या थी उनके पास
सोने की हाँड़ी ?

1. गाँव के बाहर फैले जल-थलमय विस्तृत कृषि क्षेत्र ।

कड़छुओ सोनेक ?
सरिपहुँ की कउखन
खाली नहि होइन हुनक ओ अद्भुत पात्र
लगइए अनसोहाँत,
अगबे गप्प जकाँ
पुराणक इ आख्यान…
लिखल छइ कपारमे
अमेरिकी गहूँम क नि.सत्व सोहारी
ओहि रे, कर्म !
जुटितए त खइतहुँ दूनू साँझ साग
ठढ़िया, गेन्हारी, पलाँकी, पोरो, पटुआ, कर्मी…
ध्यान में अबइ छथि शांकभरी देवी !
आहि रे कर्म !
लगले रहइए क्यू पर क्यू राशनक लेल…
ने जानि, कोन भूर मे बिला गेल अछि
बढ़िमका अन्न !
कोना क' मोन पड़थु अन्नपूर्णा बेचारो ?

मैथिली कविता/अप्रैल, '68

कलछुल भी सोने का ?
सचमुच क्या कभी भी
खाली नहीं होता था उनका वह अद्भुत पात्र ?
लगता है असंगत
केवल गप्प मात्र
पुराण का यह आख्यान…
लिखा है कपाल में
अमेरिकी गेहूँ की नि:सत्व रोटी
हाय री, किस्मत !
मिल पाता तो खाता दोनों शाम साग
ठढ़िया, गेन्हारी, पालक, पोई, पटुआ, कर्मी…
आती हैं ध्यान में देवी शांकभरी
हाय री किस्मत !
लगा ही रहता है क्यू पर क्यू राशन के लिए
पता नहीं किस खोह में खो गया है।
उम्दा अनाज !
कैसे याद आये बेचारी अन्नपूर्णा ?

स्वागत हे विलंबित…

तरंगित घन सागर
अछोर-असीम,
झपने अछि समुच्चा आकाश कें
आइ त' भरि राति
टिप टिपाइत रहत अहिना
तरंगित घन सागर
होयताह प्रमुदित पावस नट-नागर
देखू त' मलमासी आषाढ़क क्रीड़ा-कौतुक,
स्वागत हे विलंबित—
आरम्भ वर्षाक !
स्वागत हे विलंवित
हे उम्मस !!

सोनामाटि/अप्रैल, '69

स्वागत हे विलंबित…

तरंगित घन सागर
अछोर-असीम,
ढंक रखा है सारा आकाश
आज तो पूरी रात
टिपटिपाता रहेगा इसी तरह
तरंगित घन सागर
होंगे प्रमुदित पावस नट-नागर
देखो तो मलमासी आषाढ़ का क्रीड़ा-कौतुक
स्वागत हे विलंबित
आरम्भ बरसात के !
स्वागत हे विलंबित
हे ऊमस !!

बाजलि सुखमा

बाजलि सुखमा—
"कती-कती काल धरि
हेलइत रहिअई पोखरिमे
कती-कती काल धरि
बुढ़बा तेतरि तर बुलइत रही, मारइत रही टहलान
चिबा-चिबा कँ थुकरि देइत रहिअइ कांच फड़ ओक्कर
कती-कती काल धरि
बिछिते रहि जइअइ सिङ्हारक फूल···
बाबा, अहाँ लोकनि कोन तरहेँ चिकरि चिकरि डाँटी ··
हे भगवान, फेर नहि देखब की नहिराक मुँह ?"
बाजलि सुखमा।

दहीक शर्बत घोरइत हमरा लए
बाजलि सुखमा—
"आपरेशन कहाँ करब' दइत छथि हिनका लोकनि !
एकइशम बर्ख थीक
भऽ गेल एतबहिमे चारि-चारिटा बच्चा
अकच्छ रहइ छी बाबा, ओकरे सभक पाछाँ
जिनगीक स्वादे चल गेल
भोगि रहल छी नरकक भोग
आपरेशन नहि करब' दइत छथि सासु-ससूर
आ ऽऽ ऽऽ ऽऽ अपनहुँ ई
नहि बुझइत छथि हमर कस्ट !"
बाजलि सुखमा।

दुधकट्ट नेना केँ फराक टारइत
आ' शर्बतक गिलास हमरा दिश बढ़बइत
आ' तकइत ममत्वपूर्ण दृष्टि सँ
बाजलि सुखमा—
"आठ दश बर्खक बाद देखल अछि अहाँ के···
अहूँक त केश बढ़ियेँ जकाँ पाकि गेल बाबा !"
बाजलि सुखमा।

बोली सुखमा

बोली सुखमा—
"कितनी-कितनी देर तक
तैरती रहती थी तालाब में
कितनी कितनी देर तक
बूढ़े इमली के नीचे घूमती रहती टहलती रहती
चबा-चबाकर थूकती रहती उसकी कच्ची फलियाँ
कितनी कितनी देर तक
चुनती ही रह जाती हरसिंगार के फूल···
बाबा, आप लोग किस तरह चिल्ला-चिल्लाकर डाँटते···
हे भगवान, क्या फिर नहीं देखूँगी मायके का मुँह ?"
बोली सुखमा।

दही का शर्बत घोलती हुई मेरे लिए
बोली सुखमा—
"ऑपरेशन कहाँ कराने देते हैं ये लोग !
इक्कीसवाँ वर्ष है
हो गए हैं इतने में ही चार-चार बच्चे
परेशान रहती हूँ बाबा उन सबके पीछे
जिन्दगी का स्वाद ही चला गया
भोग रही हूँ नरक का भोग
ऑपरेशन नहीं कराने देते हैं सास-ससुर
औ खुद ये भी
नहीं समझते हैं मेरा कष्ट !"
बोली सुखमा।

दूधकट्टू बच्चे को अलग हटाती हुई
और शर्बत का गिलास मेरी ओर बढ़ाती हुई
और, देखती हुई ममत्वपूर्ण दृष्टि से
बोली सुखमा—
"आठ-दस वर्षों के बाद देखा है आपको···
आपके भी तो बाल पूरी तरह पक हैं बाबा !"
बोली सुखमा।

केहेन दिव्य, केहेन भव्य !

खोपामे खोंसने बेलीक गोड़-पाँचेक फूल
बद्ध परिकर, श्याम-कांति, भुट्टि, श्वेत वस्त्रा···
आदिवासी गोत्रक मेहतरनी
बहारने जाइए पीच रोड
खर्र खर्र खर्र···
खर्र खर्र खर्र···
आषाढ़ी भोरक अनगुत्ते।
कदमाक छोर दिश बढ़ि तहि
सुनल अही कानसँ खर्र खर्र खर्र

आबहुँ मने सुनिए रहल छी
आबहुँ मने देखिए रहल छी
आदिवासी युवतीक सड़क शोधन अनुष्ठान
अही दूनू आँखिएँ···
अही दूनू कानें···
सुनिए रहल छी आबहुँ मने
खर्र खर्र खर्र

निर्विशेष गरदनि
गोल मोल समतूल सामान्य मुखमण्डल
साटल-सन विरल-विरल भऊँह
सँइतल सन कनीटा नाक
ठोकल-पीटल गाल···
ताँबूल रंजित ठोर···
टिकुली रंजित कपार···
ओहि सबहुक ओगरवाही करैत मने
बादामी आँखिक सतर्क जोड़ा
—मात्र अप्पन गतिविधि दिश एकाग्र !
केहेन दिव्य···
केहेन भव्य···
केहेन अपूर्व···
आदिवासी गोत्रक मेहतरनीक ओ रूप !
नमहर डंटावला झाड़ूक ओ ध्वनि
खर्र खर्र खर्र !
खर्र खर्र खर्र !

कैसा दिव्य, कैसा भव्य !

जूड़े में लगाए बेली के पाँचेक फूल
बद्ध परिकर, श्याम-कांति, नाटी, श्वेतवस्त्रा···
आदिवासी गोत्र की मेहतरानी
बुहारे जा रही है पीच रोड
खर्र-खर्र-खर्र···
खर्र-खर्र-खर्र···
आषाढ़ी प्रात के धुँधलके में
कदमा के छोर की ओर बढ़ते हुए
सुना इसी कान से खर्र-खर्र-खर्र

अब भी मानो सुन ही रहा हूँ
अब भी मानो देख ही रहा हूँ
आदिवासी युवती का सड़क शोधन अनुष्ठान
इन्हीं दोनों आँखों से···
इन्हीं दोनों कानों से···
सुन ही रहा हूँ अब भी मानो
खर्र-खर्र-खर्र

निर्विशेष गर्दन
गोलाकृति समतूल सामान्य मुखमण्डल
चिपकाई-सी विरल-विरल भौंहें
सँवारी-सी छोटी सी नाक
ठुका-पिटा गाल···
ताम्बूल-रंजित होंठ···
टिकुली-रंजित कपाल···
मानो उन सब की निगरानी करता
बादामी आँखों का सतर्क जोड़ा
—मात्र अपनी गतिविधियों की ओर एकाग्र
कैसा दिव्य···
कैसा भव्य···
कैसा अपूर्व···
आदिवासी गोत्र की मेहतरानी का वह रूप
लम्बे डंडेवाले झाड़ू की वह ध्वनि
खर्र-खर्र-खर्र !
खर्र-खर्र-खर्र !

कालिदास कवि-कुल-गुरु

पचासम पार कयलाक पछाति
भऽ गेल रहनि हुनका मधुमेह
पिबैत छलाह कांच करैलक रऽस
कालिदास कवि-कुल-गुरु
पचासम पार कयलाक पछाति

साठिम पार कयलाक पछाति
भय गेल रहथिन बड़ दुब्बर
सेवन करए लगलथिन मोती-मुङाक भस्म
कालिदास कवि-कुल-गुरु
साठिम पार कयलाक पछाति

सत्तरिम पार कयलाक पछाति
रसायनिक सिद्धिक जोगें
भऽ गेल छलनि हुनक काया-कल्प
तदुत्तरे मने करऽ लगलथिन गुम्फित
'कुमारसंभव'
भेल रहथि दत्तचित प्रतिभाक दोहन निमित्त
कालिदास शिप्रा तट (प्र)वासी
सत्तरिम पार कयलाक पछाति

अस्सिम पार कयलाक पछाति
भेल रहथि बहाल दानाधिकारी
अर्थात् ताहि दिनुक वित्त मंत्री (सांस्कृतिक)
बहाल रहथि भेल
कालिदास कवि-कुल-गुरु
अस्सिम पार कयलाक पछाति

मिथिला मिहिर/17 दिसम्बर, '72

कालिदास कवि-कुल-गुरु

पचास पार करने के पश्चात्
हो गया था उन्हें भी मधुमेह
पीते थे कच्चे करैले का रस
कालिदास कवि-कुल-गुरु
पचास पार करने के पश्चात्

साठ पार करने के पश्चात्
हो गए थे काफी दुर्बल
सेवन करने लगे थे मोती-मूंगा-भस्म
कालिदास कवि-कुल-गुरु
साठ पार करने के पश्चात्

सत्तर पार करने के पश्चात्
रासायनिक सिद्धियों के योग से
हो गया था उनका काया-कल्प
तदुत्तर ही मन में करने लगे गुम्फित
'कुमार संभव'
हुए थे दत्तचित प्रतिभा के दोहन निमित्त
कालिदास शिप्रा तट (प्र)वासी
सत्तर पार करने के पश्चात्

अस्सी पार करने के पश्चात्
हुए थे बहाल दानाधिकारी
अर्थात् उन दिनों के वित्त मंत्री (सांस्कृतिक)
बहाल हुए थे
कालिदास कवि-कुल-गुरु
अस्सी पार करने के पश्चात्

राज्यमंत्री भेला उत्तर

रौ बा !
आहि रौ बा !
ई की भऽ गेल हमरा
दुत्तोरी !

राज्यमंत्री बनने पर

बाप रे !
अरे बाप रे !
यह क्या हो गया मुझे
धत्तेरे की !

खोत्तोरी !
खसऽ लागल रोम-रोम सँ मधु
बजै छी त बहराइ-ए
फर्र-फर्र मिसरीक बुकनी
श्वास-प्रश्वासमे बुझना जाइछ
चाननक परिमल, चोआक सुगंध
सुतलो रहै छी त
चटैए चाम गिरगिट
पहिने कहाँ अबै छल लग ?
परसू निशोदण्ड राति में
श्रान्त क्लान्त लेलहुँ एक रत्ती कल्याण-करोट
पाचि गेल कोनो प्राणी
नाकक टुरनी अपन सूड़सँ
से बड्ड विलक्षण लागल···
दू तीन मास पूर्व
ई सब कहाँ किछु होइ छल
आब एम्हर की भऽ गेलए हमरा
आहि रौ बा,
पाँखि त ने जनमत !
आहि रौ बा !

हत्तेरे की !
टपकने लगे रोम-रोम से मधु
बोलता हूँ तो निकलते हैं
फुर्र-फुर्र मिसरी
श्वास-प्रश्वास में लगता है
चन्दन का परिमल, चोआ की सुगन्ध
सोया भी रहता हूँ तो
चाटते हैं गिरगिट
पहले कहाँ फटकते थे पास ?
परसों आधा पहर रात में
ली जो रत्ती भर कल्याण-करवट शांत-क्लान्त
टीका लगा गया कोई प्राणी
नाक के शिखर पर अपने दंश से
वह बड़ा ही विलक्षण लगा ··
दो-तीन मास पूर्व
कहाँ कुछ होता था यह सब
अब इधर क्या हो गया है मुझे
अरे बाप रे !
पंख तो नहीं जनमेगा !
अरे बाप रे !

मिथिला मिहिर/13 अप्रैल, '73

एम्हर जुनि अबै

बैसलि एकसरि
कुसियारक छाहरि मे
आरि पर किसान-कन्या
ओगरैत पकलाहा धान
गबैए पद —

'जय हे गान्ही बाबा
चढ़ेबौ तोरो मूरत पर
बकरीक दूध, जनेरक लाबा···'

खाकी रंगक विमान
उत्तर दिस हिमावृत्त गिरिशृंग-समूह पर

इधर मत आ

बैठी अकेली
ईख की छाँह में
मेड़ पर किसान-कन्या
पके धान की करती रखवाली
गाती है पद—

'जय हे गान्ही बाबा
चढ़ाऊँगी तेरी मूरत पर
बकरी का दूध, जनेर का लावा···'

खाकी रंग का विमान
उत्तर दिशा में हिमावृत्त गिरि-शृंग समूह पर

फेरा लगबैत देखबा में अयलै···
ओगरैत पकलाहा धान
चिबबैत कुसियार
बाजि उठलि अकस्मात् किसान-कन्या—
'जो रे मुँहझौंसा ।
ओम्हरे रह···एम्हर जुनि अबै···'
एतबा बाजिकऽ फेंकि दलकै
उत्तरे दिस
मुँहक सिट्ठी···

मिथिला मिहिर/6 मई, '73

चक्कर लगाता हुआ देखने में आया···
पके धान की करती रखवाली
चबाती ईख
अकस्मात् बोल उठी किसान-कन्या—
'जा रे मुँहजला !
उधर ही रह···इधर मत आ···'
इतना बोलकर फेंक दी उसने
उत्तर दिशा में
मुँह से सिट्ठी···

हऽ, आब भेल वर्षा

प्रतीक्षामे बीति गेल कइएक पहर
प्रतीक्षामे चुइल गत्र-गत्र सँ घाम घँलक घैल
प्रतीक्षामे ठमकल रहलै गाछक पात-पात,
सिहकी नहि चललै बसातक
प्रतीक्षामे सूर्य रहि गेल झांपल ने जानि कतेकाल
मेघक अऽढ़मे
प्रतीक्षामे सुनलक बड्ड गारि अखाढ़क ई मास
हऽ आब भेल वर्षा
हऽ, आब भीजल संसार
हऽ, आब हल्लुक भेल मोन
हऽ, आब उगला सूर्य
हऽ, आब देखबामे आयल चिड़ै चुनमुन
बीज होयत अंकुर नयनाभिराम
प्रतीक्षाक सुफल भेटतैक ओकरा
बाध-बोन होयत हरियर
जुड़ा जयतनि धरतीक मोन-प्राण
ओढ़ि लेत कदम्बक गाछ,
पीयर फुदनाबला झालरि
ठीक-ठाक करत भगता सलहेसक गहबर
दूभि के छीलि-छालि साफ कऽ देतनि आङन
भरि जायत पोखरि भऽ जायत उमडाम
पसरतैक ओहिमे ललका कुमुदिनीक पात···
भरि-भरि दिन भीजत लोक

चलो, अब हुई वर्षा

प्रतीक्षा में बीत गए कई एक प्रहर
प्रतीक्षा में अंग-अंग से बहता रहा बेशुमार पसीना
प्रतीक्षा में थिर रहा वृक्ष का एक-एक पत्ता
साँस भर हवा भी नहीं चली
प्रतीक्षा में ढँका रह गया सूर्य न जाने कितनी देर तक
बादलों की ओट में
प्रतीक्षा में आषाढ़ के इस मास ने कितनी ही गालियाँ सुनीं
चलो, अब हुई वर्षा
चलो, अब भीगा संसार
चलो, अब हलका हुआ मन
चलो, अब उगा सूर्य
चलो, अब देखने में आया पक्षी-पखेरु दल
बीज बनेंगे अंकुर, नयनाभिराम
प्रतीक्षा का सुफल पायेंगे वे
वन-प्रान्तर होंगे हरे-भरे
ठंडा होगा धरती का मन-प्राण
ओढ़ लेंगे कदम्ब के वृक्ष
पीले फुदनों वाले झालर
ठीक-ठाक करेगा सलहेस के गह्वर को भगत
छील-छालकर दूब को साफ कर देगा आँगन
भर जाएगा तालाब ऊपर तक लबालब
फैल जाएँगे उसमें लाल-लाल कुमुदिनी के पत्ते···
दिन-दिन भर भीगेंगे लोग

भरि-भरि दिन धान रोपत लोक
आरि पर बैसिकऽ मझनी खायत लोक
आशाक मचकी पर झूलत लोक
कल्पनाक स्वर्गमे बूलत लोक

दिन-दिन भर धान रोपेंगे लोग
मेंड़ पर बैठकर दोपहर को खाएँगे लोग
आशा के झूले पर झूलेंगे लोग
टहलेंगे कल्पना के स्वर्ग में लोग

मिथिला मिहिर/15 जुलाई, '73

सुनल शब्द विमान परिचारिकाक

विहंगम विमानक बातानुकूलित कक्ष···
मोलायम-गुदगुद-फैल-सुन्दर सीट···
कातबला गोलकी शीशा में सटौने आँखि
बैसल रही
रही ओङठल
जाइत रही उड़ल मास्को दिश
आकि अकस्मात्
नीचा देखवामे आयल
तरंगित अरब सागर
निविड़ नील तरल-भास्वर
निचुलका स्निग्ध-शीतल श्याम-सलिल
आब नहि लगतैक नजरि के असह्य
मध्य अन्तरिक्षक प्रखर रौद
आब नहि लगतैक नजरि के अनसोहांत
नीचा दिशुक धूसर किंवा रूक्ष दृश्य
एखन त देखि ली तरंगित अरब सागर
साठि मिनट आकि सत्तरि मिनट···
आकि एतबे मे
ध्वनि-विस्तारक यंत्र सँ सुनल शब्द
विमान परिचारिकाक—
'यात्रीवृन्द, अपने लोकनि
कने कालक बादे इरानक आकाशमे प्रवेश करब
अपने सभहक मध्याह्न भोजन
ठीक एक बजे परसल जायत
ताहिकाल ई विमान
तेहरानक दक्षिण देने उड़ैत रहत
तत्पश्चात् किछुए कालक बाद
कास्पियन-समुद्र पार करिते

सुने शब्द विमान पारिचारिका के

विहंगम विमान का वातानुकूलित कक्ष···
मुलायम गद्देदार चौड़ी सुन्दर सीट···
बगल के गोल शीशे में सटाये आँख
बैठा था
उँगठा हुआ
उड़ा जा रहा था मास्को की ओर
तभी अकस्मात्
देखने में आया नीचे
तरंगित अरब-सागर
निविड़-नील तरल-भावस्र
नीचे का वह स्निग्ध-शीतल श्याम सलिल
नजर को नहीं लगेगी अब असह्य
मध्य अंतरिक्ष की प्रखर धूप
नहीं लगेगी नजर को अब अजनबी
नीचे वाला यह धूसर किंवा रूक्ष दृश्य
अभी तब तक देख लूँ तरंगित अरब सागर
साठ गिनट या सत्तर मिनट···
अकस्मात् इतने में
ध्वनि-विस्तारक-यंत्र से सुने शब्द
विमान परिचारिका के—
'यात्रीगण आप लोग
थोड़ी ही देर बाद अब प्रवेश करने वाले हैं इरान के आकाश में
आप लोगों का मध्याह्नकालीन भोजन
ठीक एक बजे परोसा जाएगा
उस समय यह विमान
तेहरान के दक्षिण होकर उड़ रहा होगा
तत्पश्चात् कुछ ही समय बाद
कास्पियन-समुद्र पार करते ही

पहुँचब हमरा लोकनि अजरबाइजान
स्वागत करत अपनेक सोवियत-अंतरिक्ष···"
सुनल शब्द विमान परिचारिकाक
ध्वनि विस्तारक यंत्र सँ···
पसरल छल नीचाँ
निविड़ नील भास्वर
तरंगित अरब सागर
विहंगम विमानक वातानुकूलित कक्ष
मोलायम-गुदगुद-फैल सुन्दर सीट
कातवला गोलकी शीशामे सटौने आँखि
डाँड़ सोझ कऽ कऽ रही बैसल
देखैत निचुलका दृश्य
आकि लग मे आबि कऽ भऽ गेली ठाढ़ि
विमान परिचारिका
झुकि कऽ नहूँ-नहूँ बाजलि —
'अहाँ त ओ सब वस्तु लेबै नहि,
पियास लागय तँ कहब···
आ हँऽऽ ता ई राखू मुँह में···'
दूटा चाकलेट राखि देलक तरहत्थी पर
आ फुर्ती सँ आगाँ दिशुक कक्ष चलि गेलि
पालम एवं मास्कोक मध्य
ओहि आकाश-यात्रा में
सवा सात घंटा वैह हमर गार्जियन छलि
नाम रहैक ओकर रत्ना—
(मलयालम भाषी माता-पिताक संतान)
ओ हमरा सम्बोधित कयने छलि
'चाचाजी' कहि कऽ
लगमे आबि कऽ गेलि छलि बैसि
चिन्हा देने छलि नीक जकाँ···
निविड़ नील भास्वर
तरंगित अरब सागर
तत्पश्चात् पर्सियन गल्फ
रत्नाक अनुगूंजित स्वर लहरीक अन्तिम छोर
आबो कोखन-कोखन मने
कानक कटोरी के आलोड़ित कऽ जाइत अछि—
'एण्ड नाउ दिस इज पर्सियन गल्फ !'

मिथिला मिहिर/12 अगस्त, '75

पहुँच जाएँगे हम लोग अजरबाइजान
स्वागत करेगा आपका सोवियत अंतरिक्ष···"
सुने शब्द विमान-परिचारिका के
ध्वनि विस्तारक यंत्र से···
फैला था नीचे
निविड़ नील भास्वर
तरंगित अरब सागर
विहंगम विमान का वातानुकूलित कक्ष
मुलायम गद्देदार फैली सुन्दर सीट
किनारेवाले गोल शीशे से सटाये आँख
कमर सीधी कर बैठा रहा
देखता रहा नीचे का दृश्य
तभी पास में आकर हो गयी खड़ी
विमान परिचारिका
नीचे झुककर धीरे से बोली—
'आप तो वह सब चीज लेंगे नहीं
प्यास लगे तो कहिएगा···
और हाँ, तब तक मुँह में रखिए इसे···'
दो चाकलेट रख गयी तलहत्थी पर
और तेजी से चली गयी आगे वाले कक्ष की ओर
पालम एवं मास्को के मध्य
उस आकाश-यात्रा में
सवा सात घण्टे तक वही मेरी गार्जियन रही
नाम था उसका रत्ना
(मलयालम-भाषी माता-पिता की सन्तान)
उसने मुझे सम्बोधित किया था
'चाचा जी' कहकर
बैठ गयी थी पास में आकर
दिखा दिया था खूब अच्छी तरह
निविड़ नील भास्वर
तरंगित अरब सागर
तत्पश्चात् पर्सियन गल्फ
रत्ना की अनुगुंजित स्वर-लहरी के अन्तिम छोर
अब भी कभी-कभी जैसे
कान की कटोरी को आलोड़ित कर जाते हैं—
'एण्ड नाऊ दिस इज़ पर्सियन गल्फ !'

मामा आँखि मूनि लेलथिन

मामा पिल्ला पोसलथिन
मामा गेन मोटर तर फेकि देलथिन
मामा फकड़ा जोड़ऽ लगलाह
मामा डाक्टर केँ दाँते काटि लेलथिन
मामा गीत सिखलनि
मामा ब्राह्मणी दिशि थारी फेकि देलथिन
मामा लिखनाई आरम्भ कयलनि
मामा अखाड़ा में ओंघड़यलाह
मामा स्कूल में भर्ती भेलाह

मामा पिल्ला पोसलनि
मामा कार ड्राइभ करब सिखलनि
मामा मैट्रिकमे तीन खेप फेल कयलनि
मामा समर्थ भेलाह
मामा टेबुल-टेनिसक टुर्नामेंट जितलनि
मामा दोसर बियाह कयलनि

मामा तेसर बियाह कयलनि
मामा एलेक्सन हारि गेलाह
मामा के डायबिटीज भऽ गेलनि
मामा आँखि मूनि लेलथिन
मामा दू लाखक कर्ज छोड़ि गेलथिन

मिथिला मिहिर/23 सितम्बर, '73

मामा ने आँखें मूँद लीं···

मामा ने पिल्ला पोसा
मामा ने मोटर के नीचे गेंद फेंक दी
मामा ने कवित्त जोड़ना शुरू किया
मामा ने डाक्टर को दाँत काट लिया
मामा ने गीत सीखा
मामा ने ब्राह्मणी पर थाली फेंकी
मामा ने लिखना आरम्भ किया
मामा अखाड़े में लोटे-पोटे
मामा स्कूल में भर्ती हुए

मामा ने पिल्ला पोसा
मामा ने कार ड्राइव करना सीखा
मामा मैट्रिक में तीन बार फेल हुए
मामा जवान हुए
मामा ने टेबुल टेनिस टुर्नामेंट जीता
मामा ने दूसरा विवाह किया

मामा ने तीसरा विवाह किया
मामा एलेक्शन हार गये
मामा को डाइबिटीज हो गया
मामा ने आंखें मूंद लीं
मामा दो लाख का कर्जा छोड़ गए···

वाह रे हमर नाति

चभच्चाक ढलान पर
तखताक भरेँ
छछलैत रहय हमर नाति
अपन तूरक दूटा ननकिरबाक सङे
टोकलिऐ तऽ मारि देलक मुस्की
बाजल मुदा नहि किछु
ने जानि कतीकाल
रहि गेल खेलाइत ओहिना।

वाह रे मेरा नाती

चभच्चे की ढलान पर
तख्ते के सहारे
फिसल रहा था मेरा नाती
अपनी उम्र के दो छोटे बच्चों के साथ
छेड़ा तो फेंक दी मुस्कान
बोला मगर कुछ भी नहीं
न जाने कितनी देर तक
रह गया खेलता उसी तरह ।

पाछाँ, बैसल छलहुँ एकान्त में
तखन मोन पड़ल अकस्मात्
ओहि दिन ओहो गेल रहए देखऽ
सोवियत चित्रावलीक प्रदर्शनी
देखने होयतै अबस्से
अपना तूरक बच्चा सभकें
हिमावृत ढलान पर छछलैत
स्लेजक भरे बेर-बेर
कयने होयतै आर्कषित
बर्फक आमोदी खेल !

वाह रे हमर नाति
वाह रे पूर्वाभ्यास
तख्ताक भरे ढलान पर छछलबाक !

मिथिला मिहिर/28 अक्टूबर, '63

बाद में, बैठा था एकान्त में
तब याद आया अकस्मात
उस दिन वह भी गया था देखने
सोवियत चित्रावली की प्रदर्शनी
अवश्य ही देखा होगा
अपनी उम्र के बच्चों को
हिमावृत्त ढलान पर फिसलते हुए
स्लेज के सहारे बार-बार
किया होगा आर्कषित
बर्फ का आमोदी खेल !

वाह रे मेरा नाती
वाह रे पूर्वाभ्यास
तख्त के सहारे ढलान पर फिसलने का !

एहि घर पर बैसल रहय गिद्ध !

एहि घर मे लगा दियौ आगि
अपने हाथे धरा दियौ एहि मे
दियासलाइक काठी
सुड्डाह होबऽ दियौ एकरा
व्यर्थ जुनि मोह राखी चारक
व्यर्थ जुनि मोह राखी
खाम्ह, खाम्ही, बरेड़ी धरनिक
ढाहि दियौ अपने हाथे एहि घरक भीत
नाम-निशान हटाउ एकर
काल्हि-परसू आ चारिम दिन
एहि चारक मुड़ेर पर गिद्ध बैसल छल
एकटा नहि
दू टा नहि
पूरा पाँती छलै ओकर
जें कुशल चाही अपन
जें कुशल चाही परिवारक
जें कुशल चाही गामक औ' परोपट्टाक
अपने हाथें लगाउ एहि घरमे आगि

इस घर पर बैठा था गिद्ध

इस घर में लगा दीजिए आग
अपने ही हाथों लगा दीजिए इसमें
दियासलाई की तीली
भस्म हो जाने दीजिए इसे
व्यर्थ, क्या मोह छप्पर का
व्यर्थ, क्या मोह
खम्भे, खम्भेली, शहतीर, बरेड़ी का
गिरा दीजिए अपने ही हाथों इस घर की दीवार
नामोनिशान मिटा दीजिए इसका
कल, परसों और चौथे दिन
इस छप्पर की मुंडेर पर बैठा था गिद्ध
एक नहीं
दो नहीं
पूरी पाँत थी उनकी
यदि कुशल चाहें अपना
यदि कुशल चाहें परिवार का
यदि कुशल चाहें गाँव और इलाके का
अपने ही हाथों लगा दीजिए इस घर में आग

ई घर अपवित्र भऽ गेल
एकर चारू चारक छाहरि
भऽ गेल अलच्छ
अमांगलिक भऽ गेल
एहि घर पर गोड़ चारियेक गिद्ध बैसल रहय
ने जानि ओ सभ
कोन-कोन जीव-जन्तुक सड़ल ओ विकृत मांस
कयने छल भक्षण ओहि दिन
ने जानि कोम्हर सँ आयल छल
उड़ि गेल कोन दिस, ने जानि

मुदा बड़ी काल धरि
बैसल रहय अहांक घर पर चारिटा गिद्ध
अपनो तँ देखनहि होयबैक
तँ आब जुनि करी बिलम्ब
अपने हाथेँ धरा दियौ एहि घरमे
दियासलाइक काठी

यह घर अपवित्र हो गया
इसके चारों छप्परों की छाँह
हो गयी है अशुभ
अमांगलिक हो गयी
इसी पर बैठे थे करीब चार गिद्ध
पता नहीं उन्होंने
किन-किन जीव-जन्तुओं के सड़े और विकृत मांस का
किया था भक्षण उस दिन
पता नहीं किधर से आए थे
उड़ गए किधर, पता नहीं

पर बहुत देर तक
बैठे थे आपके घर पर चार गिद्ध
आपने भी तो देखा ही होगा
तो अब मत कीजिए विलम्ब
अपने ही हाथों लगा दीजिए इस घर में
दियासलाई की तीली ।

मिथिला मिहिर/30 जनवरी, '74

अपन आ आनक

अपन मल परिमल
आनक मल विष्ठा
आनक बात जिद्द
अपन जिद्द निष्ठा
आनक विवेक दुर्बुद्धि
अपन विचार शुद्धि
आनक आँखि बट्टम
अपन आँखि आँखि
आनक पाँखि घास-पात
अपन पाँखि पाँखि

अपन घानी सँ बहराइए
शत-प्रतिशत सुच्चा तेल
अनकर कोल्हु करइ छइ
घोंकल थालक खेल

अपना और दूसरों का

अपना मल परिमल
दूसरों का मल विष्ठा
दूसरों की बात जिद
अपनी जिद निष्ठा
दूसरों का विवेक दुर्बुद्धि
अपना विचार शुद्धि
दूसरों की आँख बटन
अपनी आँख आँख
दूसरों की पाँख घास-पात
अपनी पाँख पाँख

अपनी घानी से निकलता है
शत प्रतिशत खाँटी तेल
दूसरों का कोल्हू करता है
मथ-मथ कीचड़ का खेल

भासा उएह, जे हम बाजी
आन मुजरिम, हम काजी
आन प्रजा, हम राजा
आनक लेल भुसवा
अपना लेल खाजा
आनक भाखा बोली
हमर भाखा भाखा
अनकर ठेङा मुठबाँसी
हमर डंटा चानी मढ़ल
कल्पवृक्षक शाखा
हमर गोली दनुफक फूल
आनक कलम त्रिशूल

29-9-78

भाषा वही, जो बोलूँ मैं
दूसरे मुजरिम, काजी मैं
दूसरे प्रजा, मैं राजा
दूसरों के लिए भुसवा
अपने लिए खाजा
दूसरों की भाषा बोली
मेरी भाषा भाषा
दूसरों की लाठी लकुटी
मेरी छड़ी चाँदी मढ़ी
कल्प वृक्ष की शाखा
मेरी गोली, कोमल दनुफ के फूल
दूसरों की कलम त्रिशूल

ने जानि इ के थीकि !

ने जानि, इ के थीकि !
देवी आ कि दानवी ?
चुड़ैल अथवा डाइनि ?
आ कि झुनकुट बताहि कोनो नारी ?
इ के थीकि, ने जानि !

जिलाक जिला
इलाकाक इलाका
गामक गाम, टोलक टोल···
अपन जीह काटि कऽ चढ़ा देलक एकरा
कटलाहा जीहक अमार लागि गेल छइ
गह्वर क भीतर
गह्वर क अङनइ मे

बलि बला जित्त जीह सभइक 'ग्रूप-डांस'
पड़ेला फोटोग्राफर लोकनि
रिपोर्टर लोकनि···
से, इ के थीकि
ककरा समक्ष जीह चढ़ोलक अछि
कोटिक कोटि एते लोक !···

28-9-'78

पता नहीं कौन है यह

पता नहीं, कौन है यह !
देवी या दानवी ?
चुड़ैल अथवा डायन ?
या कि झुकी-बूढ़ी पगली कोई नारी ?
कौन है पता नहीं !

जिले के जिले
इलाके के इलाके
गाँव के गाँव, टोले के टोले···
अपनी जीभ काटकर चढ़ा चुके हैं इसको
कटी जीभों का अम्बार लग गया है
देवी स्थान के भीतर
देवी स्थान की अँगनई में

बलि-योग्य जिन्दा जीभों का ग्रुप-डांस···
भाग खड़े हुए फोटोग्राफर
रिपोर्टर गण···
आखिर यह कौन है
किसके समक्ष चढ़ाई है जीभ
कोटि-कोटि इतने लोगों ने !···

हमहुँ सन्ध्या-तर्पण करितहुँ भोरमे

चानन बूजि किदन लेपल हम देहमे
झरकि रहल अछि मोन आब सन्देहमे
सुन्न भेल ई जीह, जहर मिश्रित छलइ,
तथाकथित ओहि संजीवन-अवलेहमे,
चानन बुझि किदन लेपल हम देहमे ।

उन्मद परिमल रूसल मजरल ठारिसँ
ग्रामगीत तमसायल धानक आरिसँ
विरस, विनिद्रित विकृत, उन्मथित चित्तकेँ
कोना लगउ गुदगुदी डहकनक गारिसँ;
उन्मद परिमल रूसल मजरल ठारिसँ ।

कमल बिलायल डंटी गललई थालमे
भुन्ना हँसल भभाकऽ फाटल जालमें;
तट बन्धक महिमा सँ कोशी गुम्भ छथि
धेमुड़ा-त्रियुगा गेली कालक गालमे
कमल बिलायल, डंटी गललइ थालमे ।

तोँ नहि भेली भने समुद्रक कातमे
पछुआइल छह भने कतेको बातमे
माँ मिथिले, तोँ पंगुल रहि गेली भने
उधि अइली नहि विप्लव बला बसातमे;
तोँ नहि भेली भने समुद्रक कातमे !

डाइनि ठमकलि बूढ़वा प्रेतक नाचमे
भस्म भेल कत कली विप्लवक आँचमे;
देखि करब की करिअम्मा दिश दूर सँ
बूझि पड़त किछु भेद ने पाकल-काँचमे;
डाइनि ठमकलि बुढ़बा प्रेतक नाचमे ।

राङा चाही जोड़य खातिर सोन केँ
सुतरी सँ की बन्हबई फाटल मोन केँ,
खुर्पी लऽ ली, बढ़ी कने हम खेत दिश
अँकटा-मिसिया छपलक चारू कोन केँ
राङा चाही जोड़य खातिर सोन केँ

मैं भी संध्या-तर्पण करता भोर में

चन्दन समझ क्या तो मल डाला देह में
झुलस रहा मन आकर अब सन्देह में
सुन्न हुई है अब जीभ, जहर मिला था
तथाकथित उस संजीवन-अवलेह में
चन्दन समझ क्या तो मल डाला देह में ।

रूठ गया उन्मद परिमल मंजरित डाली से
तमक उठा ग्रामगीत धानों की मेंड़ से
विरस, विनिद्रित, विकृत, उन्मथित चित्त को
गुदगुदाएँ कैसे डहकन[1] की गाली से
रूठ गया उन्मद परिमल मंजरित डाली से ।

खो गया कमल, कीचड़ में गलकर नाल में
भुन्ना हँसा, ठठाकर फटी जाल में
कोशी है खामोश तटबन्धों की महिमा से
धेमुड़ा-त्रियुगा चली गयी काल के गाल में
खो गया कमल, कीचड़ में गलकर नाल में ।

भले नहीं तू हुई सागर के कछार में
पिछड़ी रही भले कितनी बातों में, विचार में
माँ मिथिले तू, पंगुल रह गयी भले
बह नहीं गयी विप्लव वाली बयार में
भले नहीं तू हुई सागर के कछार में !

ठमकी डायन बूढ़े प्रेतों के नाच में
कितनी कलियाँ हुईं भस्म विप्लव की आँच में
देख करोगे क्या, करिअम्मा[2] को दूर से
मालूम न हो भेद पके में काँच में
ठमकी डायन बूढ़े प्रेतों के नाच में ।

राँगा चाहिए जोड़ने के लिए सोने को
सुतली से क्या बाँधें फटे मन के दोने को
खुर्पी ले ले बढ़ें खेत की ओर जरा हम
बेकार घास ने घेर लिया चारों कोनों को
राँगा चाहिए जोड़ने के लिए सोने को ।

---

1. महिलाओं द्वारा बारातियों के लिए गाया जानेवाला गाली-गीत 2. बीजू आम का स्थानीय नाम !

हमहुँ सन्ध्या-तर्पण करितहुँ भोरमे
मातृमूर्ति प्रतिबिम्बित होइत नोरमे,
अन्तरिक्ष नापओ जिनगी भरि क्यो ओना
शरण अन्तमे भेटतइ पृथ्वीक कोरमे;
हमहुँ सन्ध्या-तर्पण करितहुँ भोरमे।

मैं भी संध्या-तर्पण करता भोर मैं
मातृमूर्ति प्रतिबिम्बित होती नोर में
अन्तरिक्ष नापे जीवन भर भले कोई
शरण अन्त में मिलता पृथ्वी-कोर में
मैं भी संध्या-तर्पण करता भोर में।

मिथिला भारती/वर्ष-7, अंक 1, '79

शनि महाराज

तीसीक तेल मध्य
आकंठमग्न शनि महाराज
—कारी खटखट, बेढंग लौहमूर्ति
प्रति सप्ताह एकदिन अर्थात् भरिदिन
चउबटियाक बीचोबीच
रहइ छथि विराजमान
सिनुरक ठोप कएने !
हिनको अपन भक्तक फिकिर छइन
दशपइसाही सिक्का हमहू बरु चढ़ाइए दिअइन
एखन त मने
ताकि रहल छथि हमरे दिस
सतर्क-साकांक्ष शनि महाराज
तीसीक तेल मध्य, आकंठ मग्न···
पुरना दिल्ली स्टेशनसँ सटले दक्षिण···
आइयो भरिदिन ई ठाढ़ रहताह
अपना भक्तकें एक छिट्टा रेजकी चढ़उआ
अर्पित करथीन साँझ धरि

मातिपानि/अगस्त, '83

शनि महाराज

अलसी के तेल मध्य
आकंठ मग्न शनि महाराज
— काली-स्याह, बेढंगी लौह-मूर्ति
प्रति सप्ताह एक दिन अर्थात् पूरे दिन
चौराहे के बीचोबीच
रहते हैं विराजमान
सिन्दूर का टीका लगाए !
इन्हें भी अपने भक्तों की फिकर है
दस पैसे का सिक्का मैं भी तो चढ़ा ही दूँ
अभी तो जैसे
देख रहे हैं मेरी ही ओर
सतर्क-साकांक्ष शनि महाराज
अलसी के तेल मध्य, आकंठ मग्न•••
पुरानी दिल्ली स्टेशन से सटे दक्षिण•••
आज भी दिन भर ये रहेंगे खड़े
अपने भक्त को एक टोकरी रेजगारी का चढ़ावा
अर्पित करेंगे शाम तक···

बप्प रे बप्प ! बाप्प रे बाप्प !!

भरि ट्रक ! एत्ते रास चानन ?
बप्प रे बप्प ! बाप्प रे बाप्प !!
भरि हॉल ! एत्ते रास चन्द्रानन ?

बप्प रे बप्प ! बाप्प रे बाप्प !!

पूरा ट्रक ! इतने चन्दन
बप्प रे बप्प ! बाप्प रे बाप्प !!
पूरा हॉल ! इतने चन्द्रानन ?

बप्प रे बप्प ! बाप्प रे बाप्प !!
भरि आङन ! एत्ते रास बेङ !
बप्प रे बप्प ! बाप्प रे बाप्प !!
भरि गाछी ! एत्ते रास ढेङ !!
बप्प रे बप्प ! बाप्प रे बाप्प !!
बड़की टा मूँह, कनीटा जीह !
बप्प रे बप्प ! बाप्प रे बाप्प !!
हथिया कान, कउड़िया आँखि ईह !
बप्प रे बप्प ! बाप्प रे बाप्प !!

बप्प रे बप्प ! बाप्प रे बाप्प
पूरा आँगन ! इतने बेंग !
बप्प रे बप्प ! बाप्प रे बाप्प !!
पूरा बाग ! इतने ढेंग !
बप्प रे बप्प ! बाप्प रे बाप्प !!
बड़ा सा मुँह, छोठी सी जीभ !
बप्प रे बप्प ! बाप्प रे बाप्प !
हाथी वाला कान, कौड़िया आँख इस्स !
बप्प रे बप्प ! बाप्प रे बाप्प !!

माटिपानि/अगस्त, '83

हजूर, हँऽ, हजूर !

नाक परसँ सुगंधित रूमाल
हटबिअउ हजूर
कार परसँ उतरिकँ
दू-चारि डेग सड़क पर चलिअउ हजूर
आँखि परसँ धुपछाँही चश्मा कने
उतारि लिअउ हजूर
पिअरका ढाबुसक भाखा सुनिअउ कने हजूर
मड़ुआ रोटीक स्वाद त···
सरकारकेँ अपूर्व लागत··,
बोनिहारक पाहुन होइअइ कने
हजूर, हँऽ, हजूर !
ओकर तरहत्थिक ठेला
अपनेक कर-कमलकेँ बर्दाश्त नहि हेतइ हजूर,
ओ सात बरखसँ सरकारेक ट्रैक्टर
ड्राइभ करइत आएल अछि···हजूर, हँऽ, हजूर !

हुजूर, हाँऽ, हुजूर

नाक पर से सुगंधित रूमाल
हटाइए हुजूर
कार से उतरकर चलिए
दो-चार कदम सड़क पर हुजूर
आंखों से रंगीन चश्मा जरा
उतार लीजिए हुजूर
पीले मेढकों की भाषा सुनिए जरा हुजूर
मड़ुए की रोटी का स्वाद तो
श्रीमान् को अपूर्व ही लगेगा
बनिहार के अतिथि होइए जरा
हुजूर, हाँऽ, हुजूर !
उसके हथेलियों के घट्ठा
आपके कर-कमल को बर्दाश्त नहीं ही होगा हुजूर
वह सात वर्षों से श्रीमान का ही ट्रैक्टर
ड्राइव करता आया है···हुजूर, हाँऽ, हुजूर !

माटिपानि/अगस्त, '83

लिप्सा

छओंड़ा सबहिक कथनानुसार
महा चहटगर
'अमुक' फिलम
ओहि डिविजनल टाउनमे
चउबटिए पर
लगल रहइक
मात्र एक्के सप्ताहक निमित्त
मैटिनी टा
चलबइत रइहक···
रिटायर्ड इशखी बुजुर्ग
लोकनिक सेहो
कने-मने
मनोरंजन भइए गेलइन···
स्वाइत पुन्नी बाबू बाजल छलाह
ओइ दिन—
"की हेतइ
आइ हमहूँ देखबइ गऽ
आइ बरु टेबलेट नइँ गीड़ब
तथाकथित सड़लाही
फिलमें देखब गऽ आइ···

माटिपानि/दिसम्बर, '83

लिप्सा

छोकरों के कथनानुसार
बड़ा मजेदार
'अमुक' फिल्म
उस डिविजनल टाउन में
चौक पर ही
लगी थी
मात्र सप्ताह भर के लिए
केवल 'मेटिनी' में
चलती थी···
रिटायर्ड इश्की
बुजुर्गों का भी
थोड़ा बहुत
मनोरंजन हो ही गया···
तभी तो पुन्नी बाबू ने कहा था
उस दिन—
"क्या होगा
आज मैं भी देखूंगा
चलिए आज टेबलेट नहीं खाऊँगा
तथाकथित सड़ियल
फिल्म ही देखूंगा आज···"

बुढ़ारी मे

बुढ़ारीमे
कने-मने रोगाहे रही
हँ, बेशी रोगाह नहि
कने-मने रोगाह—
से बेश सुविधाजनक होइ छइ
हमदर्दीक निमित्त
अहाँ कें कत्तहु चेष्टा नहि करए पड़त
करुणा-मैत्री एवं मुदिता भावनाक
साक्षात्कार अहाँ कें डेग-डेग पर होइत चलत
यत्र-तत्र दाइ-माइलोकनि
बेटी आ पुतऽहुक ड्यूटी हेतु तत्पर रहतीह !

28.3.81

बुढ़ापे में

बुढ़ापे में
थोड़ा-बहुत बीमार ही रहना चाहिए
हाँ, ज्यादा बीमार नहीं
थोड़ा-बहुत बीमार—
यह बड़ा सुविधाजनक होता है
हमदर्दी के लिए
आपको चेष्टा नहीं करनी पड़ेगी कहीं भी
करुणा-मैत्री एवं मुदिता भावना का
साक्षात्कार कदम-कदम पर होता चलेगा आपको
यत्र-तत्र अगल-बगल की पड़ोसिनें
तत्पर रहेंगी बेटी-बहू की ड्यूटी बजाने के लिए

तोहर तानी हम्मर भरनी

तोहर ताना
हम्मर भरनी
तोहर गपशप
हम्मर करनी
तोहर लीला गड़बड़-सड़बड़
हम्मर लीला संकट हरनी
तों कुत्थइ छ' डेग-डेग पर
छरपि गेलउँए हम बैतरनी
बड़नी-बड़नी बड़नी-बड़नी

पान गलोठथुन तोहर घरनी
एम्हर खुर्पी, ओम्हर नहरनी
सोंटथि जन्नउ हम्मर घरनी
तोहर तानी···
हमर भरनी···

तेरी तानी मेरी भरनी

तेरी तानी
मेरी भरनी
तेरी बातचीत
मेरी करनी
तेरी लीला गड़बड़ झाला
मेरी लीला संकट हरनी
कूंथ रहा तू कदम-कदम पर
लांघ गया हूं मैं वैतरणी
हांजी-हांजी, हांजी-हांजी

पान दबाए तेरी घरनी
इधर है खुरपी, उधर नहरनी
जनेऊ मांजे, मेरी घरनी
तेरी तानी···
मेरी भरनी···

4.3.81

हुनका लकबा मारलकइन

हुनका लकबा मारलकइन
अंग-अंग में ऊर्जाक इन्जेक्शन दिअउन
ऊपर-नीचां सभ शुन्न
स्पर्श चेतना शुन्न
वाणी विहीन

ओ आब संज्ञाहीन भेल जाइत छथि
किछु करिअउन हुनका लेल
किछु करबेटा करिअउन
प्लीज ! प्लीज !! प्लीज !!!

नहि ? नऽऽ हि ??
किच्छु नहि क' हैत अहाँ बुते !
हुनका लेल किच्छु नहि कयल हैत अहाँ स' !
बेस, तखन एकटा बात···
हुँऽ, कान में कह'ब···
बेहोशीक कोनो अचूक टेबलेट खोआ दिअइन
आ, तखन अन्हार गुज्ज राति मे

उन्हें लकवा मार गया

उन्हें लकवा मार गया
अंग-अंग में ऊर्जा के इन्जेक्शन लगाइए
ऊपर-नीचे सब शून्य
स्पर्श-चेतना शून्य
वाणीविहीन

वे संज्ञाहीन होते जा रहे हैं अब
कुछ कीजिए उनके लिए
कुछ तो कीजिए ही
प्लीज ! प्लीज !! प्लीज !!!

नहीं ? नहींऽऽ ईंऽऽ इं ??
कुछ नहीं होगा आपके बूते !
उनके लिए कुछ नहीं हुआ होगा आपसे !
खैर, तो एक बात···
हां, कान में कहूंगा···
बेहोशी की कोई अचूक टेबलेट खिला दीजिए
और, फिर स्याह अंधेरी रात में

जीबछक बीचो-बीच प्रवाहित क' अबिअइन
नाओ बला दश टाका सँ बेशी किन्नहुँ नहि लेत···

हँऽऽ, हम सरिपहुँ बताह छी
एहने-एहने विचार हमरा माथाक भीतर
घुर-घुर करइत रहइए
हुनके चक्रचालिसँ हम बताह भ' गेल रहिअइ
नबकी माय हमरा घर सँ बहार क' देलइन
आ ओ किछु नहि बाजल रहथि
हमरा हिसाबें ओही दिन
हुनका लकबा भेल रहनि
एहनो दुष्ट चूड़ामणि बाण भेल हेतइ ककरो !

हँ, इयार, अहीँक शप्पत
जँ एक्को आखर फूसि बाजल होई···
अहाँ हमर उद्धार करू इयार···
आब हमरा उत्तरी पहिरबाक सेहन्ता होइए
प्लीज, इयार, प्लीज !!

जीबछ नदी के बीचोबीच प्रवाहित कर आइए
नाववाला दस रुपये से ज्यादा कदापि नहीं लेगा···

हांऽऽ, सचमुच सनकी हूँ मैं
ऐसे-ऐसे ही विचार मेरे माथे के भीतर
घुरघुराता रहता है
उनकी ही साजिश से मैं हो गया था सनकी
नई मां ने घर से बाहर कर दिया था मुझे
और वे कुछ न बोल पाए थे
मेरे हिसाब से उसी दिन
उन्हें लकवा मार गया था
ऐसा भी दुष्ट शिरोमणि पिता मिला होगा किसी को !

हाँ, दोस्त, आपकी कसम
यदि एक भी अक्षर झूठ कहा हो···
आप मेरा उद्धार कीजिए दोस्त···
अब मुझे उत्तरी लेने की लालसा हो रही है
प्लीज, दोस्त, प्लीज !!

4.3.81

खूब चटइ जो

कूथि-कुहरि कँऽ कहुना बड़नी
मजरल अछि ई आमक रोगहा गाछ
डोमा बँबइ बूढ़ो अछि तऽ
जोर लगौलक बेश
तहिना ओ बुढ़िया कलकतिया
मजरलि एहू बेर
ओहो सदिखन
रहिते अछि दुखिताहि
मालदहक नबगछुली, देखू,
केलकनि सभकें मात
धिया-पुताकें चटा रहल ई
मधुआ लागल पात
पात पर पात···पात पर पात
अरे अबइ जो सौंसे टोलक धीया-पूता
खूब चटइ जो, खूब चटइ जो, खूब चटइ जो
मधुआ लागल पात···मधुआ लागल पात···

खूब चाटते जाओ

कूँथ-कुहर कर जैसे भी हो
मंजराया तो है मरियल-सा यह आम
बूढ़ा होकर भी 'डोमा बम्बइया' ने
खूब लगाया जोर
वैसे ही बूढ़ी 'कलकतिया'
मंजराई अब की बार
वह भी हरदम
रहती ही है बीमार
नया पेड़ होने पर भी देखो, 'लंगड़े' ने
किया सभी को मात
बाल वृन्द को चटा रहा है
मधुआए नव पात
पात पर पात···पात पर पात···
आते जाओ टोले भर के सब बाल वृन्द
खूब चाटते जाओ···खूब चाटते जाओ···खूब चाटते जाओ···
मधुआए नव पात···मधुआए नव पात···

मीनी मिथिला

तरुआ तिलकोड़क पात
भूजल तिसिअउड़ी-दनौड़ी
रऽहूक तरल-झोराओल पेटी
कुतरूमक चटनी
मखानक खीर
हमरा दिल्लिओ मे सुलभ भऽ जाइए
झाजीक प्रतापें…

अपना देश-कोशक सोन्हगर वाक्य-विन्यास
चहटगर इडियम
भृकुटिक इंगितगर्मी आकृति
हमरा दिल्लियो में सुलभ होइए
झाजीक प्रतापें…

अकस्मात् मोन पाड़ि दइत छथि झाजी
इशर्गत…
अनन्त…
राखी…
जयन्ती…

ओ प्रतिबर्खं
दड़िभंगा सँ पतड़ा मङा लइत छथि
हुनका क्वाटर में जितिया पाबनि सेहो होइत छइन
एवं प्रकारे हमरा
सुलभ भ' जाइ छथि
'मीनी मिथिला' दिल्लिओ में…
झाजीक प्रतापें

मुदा, अइ बेर, भेट भेला उत्तर
बाजल रहथि झाजी—
ई सभ त' बड़ बेश…
अपने ओतुक मालदहक आँठी
रोपने रहिअइ
बर्खं तिनिएक सँ दश-बीसटा कँ
फड़ितो अछि…
कार्पोरेशनक ग्राउन्ड फ्लोरवला ई फ्लैट

मीनी मिथिला

तिलकोड़ के तले हुए पत्ते
भूनी हुई तिसिऔड़ी[1] दनौड़ी[2]
रेहू की तली रसदार पेटी
कुतरूम की चटनी
मखाने की खीर
दिल्ली में भी सुलभ होता है मुझे
झाजी के प्रताप से…

अपने ही गाँव-घर के सोंधे वाक्य-विन्यास
मजेदार इडियम
भृकुटी की इंगितगर्मी आकृति
दिल्ली में भी सुलभ होता है मुझे
झाजी के प्रताप से…

अकस्मात् याद दिला देते हैं झाजी
इशर्गत…[3]
अनन्त…
राखी…
जयन्ती…

वे प्रतिवर्ष
दरभंगा से पंचांग मँगवा लेते हैं
उनके क्वाटर में 'जिउतिया' पर्व भी होता है
और इस तरह मुझे
सुलभ हो जाती है
'मीनी मिथिला' दिल्ली में भी
झाजी के प्रताप से…

लेकिन इस बार मुलाकात होने पर
कहा था झाजी ने—
यह सब तो ठीक ही है…
अपने यहाँ की मालदह आम की गुठली
रोपी थी
बिगत तीन वर्षों से दस-बीस कर
फलते भी हैं…
कार्पोरेशन का ग्राउण्ड फ्लोरवाला यह फ्लैट

1. अलसी की बड़ी—2. दाल की बड़ी। 3. सर्पगंधा जड़ी।

आइ सभ अर्थे हमरा बेस धारलक अछि
पछुआड़ मे", देखितहि छी—
छोट छीन बगीची लगा देने छिअइक
हँ, तखन, अपशोचक बात इएह जे
धिया-पूता पंजाबी भेल जाइएऽऽ···

मैथिली अकादमी पत्रिका/अप्रैल, '81

आज हर तरह से मेरे लिए फलदायी रहा है
पिछवाड़े में देख ही रहे हैं—
छोटी सी बागबानी लगा रखी है
हाँ, तब अफसोस की बात यही है कि
बाल-बच्चे पंजाबी होते जा रहे हैं !

हे हमर आद्या

हे हमर आद्या
हे हमर आद्या
हे हमर माटि
हे हमर पानि
हे हमर धरती
हे हमर आकाश
हे हमर इजोत
हे हमर अन्हार
हे हमर देह
हे हमर मोन-प्राण
हे हमर ऊर्जा
हे हमर प्रज्ञा
हे हमर ओज
हे हमर तेज
हे हमर आद्या

हमरा अनुमति दियऽ
बीच-बीच मे
अहिना हम हेड़ा जाइ
भसिया जाइ अहिना
बीच-बीच मे
हमरा आशीष दियऽ
अहिना हम बीच-बीच मे"
भक दऽ प्रकट होइ
चकचोन्ही लगइ अहिना
लोकके" हमरा देखि-देखि
हे हमर आद्या
हमरा आशीष दियऽ

ओ मेरी आद्या

ओ मेरी आद्या
ओ मेरी आद्या
ओ मेरी माटी
ओ मेरी पानी
ओ मेरी धरती
ओ मेरा आकाश
ओ मेरा प्रकाश
ओ मेरा अन्धकार
ओ मेरी देह
ओ मेरे मन-प्राण
ओ मेरी ऊर्जा
ओ मेरी प्रज्ञा
ओ मेरा ओज
ओ मेरा तेज
ओ मेरी आद्या

अनुमति दो मुझे
बीच-बीच में
ऐसे ही मैं खो जाया करूँ
बह जाऊँ इसी तरह
बीच-बीच में
आशीष दो मुझे
इसी तरह मैं बीच-बीच में
भक् से प्रकट हो जाऊँ
चकचौंधी लगे इसी तरह
लोगों को मुझे देख-देखकर
ओ मेरी आद्या
आशीष दो मुझे

अहिना चेतना क ई टेमी हमर
बरैत रहओ अविराम
निरन्तर, अनविच्छिन्न

हे हमर आद्या जननी
हे हमर प्रथमा प्रेयसी
हे हमर सभ किच्छु
हे हमर किच्छु नहि
हे हमर शून्य
हे हमर पूर्णता
हे हमर अहाँ
हे हमर हम
हमरा आशीष दियऽ
अनुमति दियऽ हमरा
बीच-बीच मे
अहिना हम हेड़ा जइऐ
भेटि जइऐ अहिना
बीच-बीच मे
कालक प्रवाह मे
अहिना हम भसिआएल घुरी
लिप्त महालिप्त रही अहिना
अहिना निर्लिप्त रही
हमरा आशीष दियऽ

हे हमर आद्या
हे हमर आद्या
हे हमर आद्या

1.11.82

इसी तरह मेरी चेतना की यह लौ
जलती रहे अविराम
निरन्तर, अविच्छिन्न

ओ मेरी आद्या जननी
ओ मेरी प्रथमा प्रेयसी
ओ मेरा सब कुछ
ओ मेरा कुछ नहीं
ओ मेरी शून्य
ओ मेरी पूर्णता
ओ मेरी तुम
ओ मेरा मैं
आशीष दो मुझे
दो मुझे अनुमति
बीच-बीच में
इसी तरह मैं खो जाता रहूँ
मिल जाता रहूँ इसी तरह
बीच-बीच में
काल के प्रवाह में
इसी तरह मैं बहता घूमूँ
लिप्त-महालिप्त रहूँ इसी तरह
इसी तरह निर्लिप्त रहूँ
आशीष दो मुझे

ओ मेरी आद्या
ओ मेरी आद्या
ओ मेरी आद्या

रति-रहस्यक ऊहापोह मध्य

अन्ततः
ओ अपनहि मुँहें
स्पष्ट भाषा मे
कहलथिन अछि—
"हमर ब्रह्मचर्य
रति-रहस्यक ऊहापोह मध्य

रति-रहस्य के ऊहापोह मध्य

अन्ततः
उन्होंने अपने ही मुँह से
स्पष्ट भाषा में
कहा है—
"मेरा ब्रह्मचर्य
रति-रहस्य के ऊहापोह मध्य

भ्रमित रहल अछि
हम शुक्रमोचनवला
तृतीय कोटिक
पंचमकारक
लीलाधारी प्रतीक थिकहुँ
से सत्ते
हम 'दिनेश' नहि
रजनीश थिकहुँ हम
से सत्ते
एहि जमानाक
सर्वश्रेष्ठ प्रपंची
अद्वितीय प्रवंचक
से सत्तेऽऽऽ
हमर नाम थिक रजनीश
छिः, हम दिनेश किए हैब गऽ ?
स्वर्णमेरुक शिखर पर
विराजमान हम
हम रजनीश
त्रिकाल मध्य
हमर समतूल
कथीलए केओ हेताह गऽऽऽ !!

भ्रमित रहा है
मैं शुक्रमोचन वाले
तृतीय कोटि के
पंचमकार का
लीलाधारी प्रतीक हूँ
सचमुच
मैं 'दिनेश' नहीं
रजनीश हूँ मैं
सचमुच
इस जमाने का
सर्वश्रेष्ठ प्रपंची
अद्वितीय प्रवंचक
सचमुच
मेरा नाम है रजनीश
छिः, मैं दिनेश क्यों होने लगा ?
स्वर्णमेरु शिखर पर
विराजमान मैं
मैं रजनीश
त्रिकाल मध्य
मेरे समतूल
कैसे होगा कोई !!

सन्निपात-4, '86

दुहु गोटे तथैव च

अबितहि,
अहीं हमर स्वागत निमित्त
स्नेह-सिंचन
आरम्भ कए देल !
वस्तुतः, ई हमरे टा नहि
अहूँक परम सौभाग्य थिक ।
वस्तुतः हमरालोकनि
—'दुनू मीता'
अनन्य सामान्य थिकहुँ
हम सेहो,
आ अहाँ सेहो ।
केओ कम विलक्षण नहि

दोनों जने तथैव च

आते ही
तुमने ही मेरे स्वागत में
स्नेह-सिंचन
आरम्भ कर दिया !
वस्तुतः यह मेरा ही नहीं
तुम्हारा भी परम सौभाग्य है
वस्तुतः हम लोग—
'दोनों मीता'
अनन्य सामान्य हैं
मैं भी
और तुम भी !
कोई भी कम विलक्षण नहीं

कम लोकोत्तर नहि केओ
दुनू गोटे 'सम-तूल'
अपन अपन वैशिष्ट्य मे
दुनू गोटे 'तथैव च'
कहू 'हँऽऽ'
कहू 'हँऽऽ'
से बेश ।
अहाँ दिश सँ
मृदु-मन्द्र ध्वनि
सुनबा मे आबि रहल अछि !
अपन-अपन यात्राक क्रममे
अपन अपन यात्राक मध्य
ने हमहीं उताहुल
ने अहीं उताहुल ।
से ई कथा ककरा नहि बूझल हेतइ ?
हमरो 'निखिल भुवन' चिन्हइए
अहूँ के चिन्हिते अछि निखिल भुवन ।
तैं, अहीं हमर स्वागत निमित्त
स्नेह-सिंचन
आरम्भ कए देल···

सन्निपात-4, '86

बेलीक पाँच फूल

नहि, नहि, नहि
किन्नहु नहि
आइ हमरा पलखति कहाँ भेटत !
एकदम्मे नइ ··
ओइ···फूल पर
समुच्चा दिन
हमरा दया अबइत रहत
एह, केहेन सेहन्ता सँ
कते आवेग मे
बेलीक ओ पाँचो टा फूल तोड़ने रही !
मुदा कर्म-चेतना
गन्ध-चेतना केँ फुर्सति कहाँ देतइ एखन !
साँझ धरि दइ त दइयो दइ···

सन्निपात-4, 87

कम लोकोत्तर नहीं कोई भी
दोनों जने 'सम-तूल'
अपने अपने वैशिष्ट्य में
दोनों जने 'तथैव च'
बोलो 'हाँऽऽ'
बोलो 'हाँऽऽ'
चलो ठीक है ।
तुम्हारी ओर से
मृदु-मन्द्र ध्वनि
सुनने में आ रही है !
अपनी-अपनी यात्रा के क्रम में
अपनी-अपनी यात्रा के मध्य
न मैं ही उतावला
न तुम ही उतावले ।
और यह बात किसे नहीं मालूम है ?
मुझे भी 'निखिल भुवन' पहचानता है
तुम्हें भी पहचानता ही है 'निखिल भुवन'।
इसीलिए मेरे स्वागत में तुमने
स्नेह-सिंचन···
आरम्भ कर दिया

बेली के पाँच फूल

नहीं, नहीं, नहीं
कदापि नहीं
आज मुझे समय कहाँ मिलेगा !
बिलकुल ही नहीं···
उस···फूल पर
पूरे दिन
मुझे दया आती रहेगी
अहा ! कितने शौक से
कितने आवेग में
बेली के वे पांचों फूल तोड़े थे !
लेकिन कर्म-चेतना
गंध चेतना को फुर्सत ही कहाँ देगी अभी !
शाम तक दे दे तो दे दे···

कोंचिग इन्स्टीच्यूट

हँऽ, हँऽ, बूझल, बूझल !
बुझबा में भाङठ नहि,
नीक जकाँ बुझवा में आबि गेल !
बाउ, अहाँ तऽ अपने लोक थिकहूँ···
सुच्चा, स्व-जन
एकदम्मे भितरिआ
मुदा एकटा बात कहब अहाँ कें
मुदा से अहाँ के अतत्रह गून करत
बाउ, कहू ?
कहू बाउ ?

अहाँ के आब चाही
निरंतर एकान्त
अनविच्छिन्न एकान्त
गंभीर साधनाक निमित्त
चरम सम्बल होइत छइ—
की ? की होइत छइक चरम सम्बल
गंभीर एकाग्रताक निमित्त ?
बाजू ने बाउ !
कहू ने किच्छु !
—ओना नहि मानब हम···
हम पुछबे टा करब !
हेँऽऽऽ घाड़ सोझ करिअउ !
मिलऽ दिअउ नजरि कें नजरि में
हेऽऽ हम धऽ नइ लेबं अहाँ कें···
दुइए-एकटा किच्छु पूछब !
मुदा से टा पुछबे करब !

हमरा अहाँक पिता-पितामह सँ
कहिओ साक्षात्कार नहि
अहाँक मातामहक प्रसंगें
हमरा किच्छुटा ज्ञात नइ अछि
हँ, तखन एतबा धरि अवशश,
बाउ, अहाँ-गाम में हम तीन बखं रही
समुच्चा सिद्धान्त कौमुदी
घोखि नेने छलिअइ
पाँचो सर्ग रघुवंश

कोंचिग इन्स्टीच्यूट

हाँऽ, हाँऽ, समझ गए, समझ गए !
समझने में कोई कठिनाई नहीं
अच्छी तरह समझ में आ गया !
प्यारे, तुम तो अपने ही आदमी हो···
खाँटी-स्वजन
पूरे अन्तरंग
लेकिन एक बात कहूँगा तुम से
लेकिन वह तुम्हें बेहद फायदा करेगा
प्यारे ! कहूँ ?
कहूँ प्यारे, कहूँ ?

तुम्हें अब चाहिए
निरंतर एकांत
अनविच्छिन्न एकान्त
गंभीर साधना के निमित्त
चरम संबल होता है—
क्यों ? क्या होता है चरम संबल
गम्भीर एकाग्रता के निमित्त ?
बोलो न प्यारे !
कुछ कहो न !
—वैसे नहीं मानूंगा मैं···
मैं पूछ कर ही रहूँगा !
—अजी, गर्दन सीधी करो
मिलने दो नजर से नजर को
अजीऽऽ मैं पकड़ नहीं लूंगा तुम्हें···
दो-एक कुछ पूछूंगा !
लेकिन वह पूछूंगा ही !

मुझे तुम्हारे पिता-पितामह से
कभी साक्षात्कार नहीं···
तुम्हारे मातामह के प्रसंग में
मुझे कुछ भी ज्ञात नहीं
हाँ, तब इतना अवश्य
प्यारे, तुम्हारे गाँव में मैं तीन वर्ष रहा
पूरी सिद्धान्त-कौमुदी
रट डाली थी
पाँचों सर्ग रघुवंश

आरम्भ दिश कुमारसंभव
सेहो सर्ग तिनिएक
दू उच्छास दशकुमारो महक
एतवा हम अहीं-गाम में क नेने रही
तखन बरुआरी
तखन पंचगछिआ
तखन काशी !
राजा ठाकुरक कोठा···
तारा मन्दिर— नेपाली खपड़ा
रानीकोठा— मीर घाट
अगस्ति कुंडा···

अमरकोश त पढ़नहि हेबइ ?
हम जे अहाँ के पूछब
तकर जबाब अमरकोशे में छइक
अष्टाक्षरी समाधान !
हँ, सरिपहुँ आठे अक्षर !
अनुष्टुप् केर एक चरण मात्र
त बेश !
कहू त, बाउ,
अन्न ओ फल मे की भेद ?
ओहो फड़इए, ओहो फड़इए
तखन धाने फल किए नहि ?
आमे-जामुन अन्न किए नहि ?
बाजू बाउ, किछु बाजू
दुइओ आखर !
बाजू बाउ, बाजू···
गुम्मी किए लाधि लेल ?
किछु कहिअउ ने !

वैदेही/ '87

आरम्भ से कुमारसंभव
वह भी तीन-एक सर्ग
दो उच्छास दशकुमार में से
इतना तो मैंने तुम्हारे ही गाँव में पूरा कर लिया था
इसके बाद बरुआरी
इसके बाद पंचगछिया
इसके बाद काशी !
राजा ठाकुर का कोठा···
तारा मन्दिर— नेपाली खपड़ा
रानीकोठा— मीर घाट
अगस्ति कुंडा···

अमरकोश तो पढ़ा ही होगा ?
मैं जो तुमसे पूछूंगा
उसका जवाब अमरकोश में ही है
अष्टाक्षरी समाधान !
हाँ, बिलकुल आठ ही अक्षर !
अनुष्टुप् का एक चरण मात्र···
अच्छा तो !
कहो तो प्यारे
अन्न और फल में क्या है भेद ?
यह भी फलता है, वह भी फलता है
तब फिर धान ही फल क्यों नहीं ?
आम-जामुन ही अन्न क्यों नहीं ?
बोलो प्यारे, कुछ तो बोलो
दो ही अक्षर सही !
बोलो प्यारे, बोलो···
चुप्पी क्यों साध ली ?
कुछ कहो न !